Mein Leben in zwei Welten....

HF199869

mit einem Rückblick auf meine bewegten Jahre voller Begebenheiten, Überraschungen und Auseinandersetzungen in zwei verschiedenen politischen Systemen. Ein Bericht über Erlebtes und
meine Gedanken zu persönlichen Erfahrungen beim Erwachsen-
werden sowie über Eindrücke auf inspirierende Reisen zu den
historischen Schätzen der Menschheit. Aber auch Hinweise auf
meine Arbeit als Designer und Kunstschaffender mit wandelnden
Einsichten. Es ist kein Roman, sondern vielmehr ein Bericht über
die Vielfältigkeit des Lebens mit allen freudigen Ereignissen und
auch unabwendbaren Schattenseiten.

Anmerkungen

"Was das Bauhaus in der Praxis lehrte, war die Gleichberechtigung aller Arten schöpferischer Arbeit und ihr logisches Ineinandergreifen innerhalb der modernen Weltordnung. Der Leitgedanke war, dass der Gestaltungstrieb weder eine intellektuelle noch eine materielle Angelegenheit ist, sondern einfach ein integraler Bestandteil der Lebenssubstanz der zivilisierten Gesellschaft. Unser Ehrgeiz ging dahin, den schöpferischen Künstler aus seiner Weltfremdheit aufzurütteln und seine Beziehung zur realen Werkwelt wieder herzustellen".

Walter Gropius 1956 in "Architektur" Fischer-Bücherei.

Der Autor

Impressum

Herausgegeben wurde das Buch vom Auto selbst.

Satz, Layout und Fotos wurden vom Autor gestellt.

Copyright und Druck

Bibliografische Information der Deutschen Nationalbibliothek

Die Deutsche Nationalbibliothek verzeichnet diese Publikation in der Deut-schen Nationalbibliografie; detaillierte bibliographische Daten sind im Internet über http://dnb.dnb.de abrufbar.

Name: Horst Esther-Hartmann   hartmanndesign@t-online.de

Hersteller und Verlag

BoD - Books on Demand, Norderstedt

ISBN : 9783744817936

Horst Esther-Hartmann

Geboren wurde ich 1939 in Berlin-Tempelhof, im Jahr des Kriegsbeginns. Meine Kindheit verbrachte ich in Berlin, Neiße, Augustusburg und Bautzen. Nach den Schulabschlüssen begann ich 1957 ein Studium an der Ingenieur-Hochschule Mittweida und erwarb den Diplomabschluss. Danach studierte ich an der Kunsthochschule "Burg Giebichenstein" in Halle und schloss dieses als Diplom-Designer ab. 1964 erfolgte meine berufliche Tätigkeit in einem Atelier der Büromaschinenindustrie. Ab 1966 arbeitete ich als freiberuflicher Gestalter im eigenen Gestaltungsbüro, u.a. für verschiedene Firmen der Rundfunk-und Elektroindustrie. Im Jahre 1969 schloss ich mich mit mehreren Designern zu einer Arbeitsgemeinschaft für Design, dem "Atelier für Gestaltung", zusammen. Nach zehn Jahren erfolgreicher Tätigkeit im Produktdesign wurde unser Team durch Beschlüsse der "Berliner Administration" beruflich ausgegrenzt und wir konnten daraufhin unseren Beruf in dieser Form nicht mehr ausüben. Nach einigen Jahren artfremder Beschäftigung stellte ich einen Antrag auf Entlassung aus der Staatsbürgerschaft der DDR. Im August 1989 erfolgte die Übersiedlung in die Bundesrepublik. Danach begann die zweite Phase meiner beruflichen Entwicklung, indem ich mich verschiedenen künstlerischen Projekten für Design, Malerei und Plastik zuwandte. Dreißig Jahre nach der Wende blicke ich auf ein durchwachsenes Berufsleben zurück, aber auch auf einen unermesslichen Gewinn an persönlicher Freiheit im Denken und Handeln.

5

Inhalt

Horst Esther-Hartmann

Mein Leben in zwei Welten

Kindheitserinnerungen

Es war das Jahr 1939, indem ich geboren wurde, aber auch das Schicksalsjahr der Deutschen, als alles begann, Krieg, Terror, Vertreibung und Tod in millionenfacher Weise. Am 1. September verkündete der gewählte Reichskanzler Adolf Hitler im Rundfunk, dass: „seit 5:45 Uhr jetzt zurückgeschossen werde". Mit dem Überfall auf Polen begann der 2. Weltkrieg. Da war ich gerademal ein dreiviertel Jahr alt. Als Geburtsort wurde die Entbindungsstation der St. Joseph Klinik Berlin-Tempelhof angegeben.

Baden in der Zinkwanne

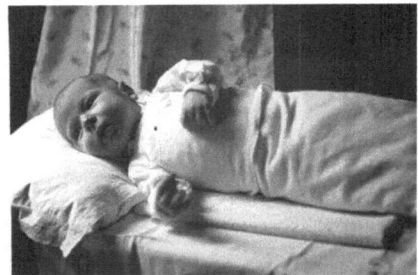

Als Baby gewickelt

Meine Mutter in Berlin

Meine frühesten Kindheitserinnerungen gehen auf das dritte Lebensjahr zurück. Damals wurde ich in der Leistengegend ope-

9

riert, da ich mir beim Schleppen meines geliebten Dreirades einen Bruch zugezogen hatte. Als mich meine Eltern im Krankenhaus besuchten, zeigte ich ihnen den Verband und stand dabei aufrecht im Bett. So jedenfalls sind meine derzeitigen Erinnerungen an das damalige Geschehen.

Zu dieser Zeit lebten wir in Berlin-Hohenschönhausen. Der Orankesee war nicht weit von uns entfernt und so verbrachten meine Mutter und ich viele schöne Nachmittage in diesem Freibad. Mein Vater indes arbeitete bei Telefunken als Ingenieur und führte eine Abteilung für die Entwicklung und Herstellung fernmeldetechnischer Anlagen.

Im Strandbad des Orankesee Berlin

Bereits 1941/42 begannen die ersten Bombenangriffe der Alliierten auf Berlin und diese wurden von Mal zu Mal heftiger. Nahezu jede Nacht sind wir von den Sirenen aufgeschreckt worden und rannten in den Keller, wo sich bereits viele Frauen, alte Männer und Kinder eingefunden hatten. Vorsorglich wurden Zinkbadewannen mit Wasser bereitgestellt, um sich bei Brandgefahr mit nassen Decken schützen zu können. Zwischendurch gingen wir vor das Haus und sahen ganze Geschwader von Flugzeugen, welche im Lichtkegel der Scheinwerfer aufblitzten und in sogenannten „Wellen" die Stadt überflogen. Bis in den Keller waren die Einschläge und Detonationen zu hören, was jedes Mal zu heftigen Unruhen unter den Menschen führte. In Erinnerung geblieben sind mir die anhaltende Dauer der Bombardements, die relative Ruhe am Tage und die Bedrohung in den Nachtstunden. Alle Fenster und Türen wurden verhangen, damit kein Lichtstrahl nach außen dringen konnte. Die Situation war für alle Menschen beängstigend, äußerst bedrohlich, aber auch gespenstig. Immer wieder wurde von Blindgängern berichtet, welche von allein oder durch versehentliche Berührung explodiert waren. Auch konnte man am Tage die Granattrichter und die ausgebrannten Häuser und Ruinen sehen. Das Leben war für viele Menschen zum Alptraum geworden. Hinzu kamen die zunehmenden Versorgungsprobleme und die Angst vor Vernichtung und Tod. Immer öfters kam es vor, dass Menschen in Panik gerieten und ungewollt zu Tode kamen. Nicht selten wurden sie Opfer explodierender Blindgänger und herumliegender Granaten. Besonders Kinder waren davon betroffen, da sie oft in Granattrichtern spielten und dabei versehentlich Munition berührten.

Zerstörung nach Bombenangriffen   Das Elend in der Stadt Berlin

Da die Situation für meine Eltern bedrohlich wurde, brachte mein Vater uns beide, meine Mutter und mich, zu meinen Großeltern nach Neiße in Oberschlesien, während er wieder nach Berlin zurückkehrte, um seiner Arbeit nachzugehen. Mein Großvater, väterlicherseits, war Gebietsvorsitzender der Rotheburger Lebensversicherung und führte ein sehr umsichtiges Leben in gesicherten Verhältnissen. Es begann für mich eine ungetrübte und gefahrlose Zeit, ausgefüllt mit kindlichen Erlebnissen und vielen Spielaktivitäten. Selbst mein Großvater wuchs über sich hinaus, entwickelte ungeahnte Freizeitbedürfnisse und begleitete mich ins Schwimmbad und zu anderen Beschäftigungen. Besonders Dreiradfahren war mir ans Herz gewachsen, aber auch das Spielen mit kleinen Pferdekutschen und Spielzeugbauernhöfen.

Beim Sandkastenspielen   Mit meinem Opa im Freibad

Rückblickend erinnere ich mich allerdings auch an die Zeit in Oberschlesien, wonach wir Straßenaufmärsche der Nazis und die vielen zum Gruß ausgestreckten Arme erleben mussten. Bei Volksfesten durften begehbare Panzer und Militärgeräte nicht fehlen. An Verkaufsständen wurden ganze Armeen von Spielzeugsoldaten, Kanonen und Panzer angeboten, aber auch Spielzeuggewehre und Stahlhelme. Alles, was den Zeitgeist beflügeln sollte, war da zu haben. Aus einer früheren Zeit stammten meine Pferdegespanne und Weidentiere aus bemaltem Holz sowie Würfel- und Kartenspiele, mit denen ich gern gespielt habe. Dabei hing es im Wesentlichen davon ab, wie Kinder von den Eltern erzogen und an die ganze Sache herangeführt wurden, aber auch welchen Einfluss sie darauf nehmen wollten. Für mich war es zunächst eine unbeschwerte Zeit, ich fühlte mich von meinen Eltern und Großeltern behütet und geliebt. Aus meiner Sicht hat es an Nichts gefehlt. Wir lebten in einem großen Haus, direkt an dem Fluss Neiße, mit Chauffeur und Kindermädchen. Mein Opa genoss ein hohes Ansehen bei seinen Versicherten. Seine vertrauensvolle Art, mit Menschen umzugehen, verhalf ihm zu Anerkennung und gegenseitiger Achtung. Das zahlte sich für ihn aus.

Horst, der „Liebling" der Familie, mit meinen Eltern und mit Freund Karl

Zwischendurch besuchten wir die Eltern meiner Mutter in Waldenburg bei Breslau. Eine typisch schlesische Familie mit strengen Regeln und einer starken Hinwendung zu Gott. An keinem Sonntag wurde der Gang zur Kirche versäumt. Vor und nach den Malzeiten wurde gebetet und es lag überall das „Halleluja" in der Luft. Mein Großvater war Konrektor der dortigen Schule und nutzte den Taktstock für Zucht und Ordnung. Seine drei Mädchen zu Hause mussten seinen Anweisungen gehorchen, sonst gab es strenge Bestrafungen jeglicher Art. Meine Mutter, die jüngste der drei Schwestern, bekam für den Turnunterricht keine Sportschuhe, da sie das ihr auferlegte Klavierstück nicht geübt hatte. Sie musste barfuß turnen, bis sie die Noten spielen konnte. Untergebracht waren meine Großeltern im Haupthaus eines Bauerngutes, bei Frau Endler. Sie war es auch, die mir das Kühe hüten beibrachte und mich auf ihrem Traktor als Beisitzer mitnahm. Die Wiesen waren voller Champions, welche in dieser Zeit sehr willkommen waren. Die Großeltern habe ich später nie wieder gesehen. Meine Oma starb früh und mein Großvater floh ebenso aus seiner Heimat und hat alles zurücklassen müssen. Er wurde in Bad Lauterberg angesiedelt und verstarb dort ohne familiären Beistand. Eine persönliche Tragik am Ende des 2. Weltkrieges. Meine Mutter durfte als Tochter nicht einmal zur Beerdigung ihres Vaters dorthin fahren, was sie nie verwinden konnte.

Mit meiner Holzautobahn   Am See

Noch ahnten wir nicht, was alles auf uns zukommen würde. Der Krieg kam näher, die Durchsagen im Rundfunk wurden deutlich bedrohlicher. Wir schreckten jedes Mal auf, wenn die Fanfare aus Franz Lists „le prelude" ertönte und eine Stimme vom Frontverlauf berichtete. Ein Schauer lief uns jedes Mal über den Rücken. Die Hitlerjugend trommelte zum Endkampf. Benzinmarken wurden eingezogen und Fahrzeuge beschlagnahmt. Es begann die Zeit der Angst und der Verzweiflung. Als Kind fühlte ich mich noch relativ sicher, war unberührt von den nahenden Ereignissen, aber man spürte die Zerrissenheit und Panik, welche die Menschen und meine Großeltern insbesondere ergriffen hatten.

Mein Großvater veranlasste, dass sein Opel zu einem Bauern in die Scheune gebracht wird. Mit einem Pferdegespann zog man diesen dorthin, da es kein Benzin mehr gab. Ich selbst habe dieses miterlebt und so den schmerzlichen Abschied meines Opas von seinem geliebten PKW erleben müssen. Das Auto verschwand für alle Zeiten und dies war ein schwerer Schlag für ihn.

Fluchtbeginn Januar 1945 Neiße.

15

Im Januar 1945 war es dann soweit. Meine Mutter und ich flohen vor der heranrückenden Front. Wir stiegen in einen der letzten Lazarettzüge. Ungeheizt, bei Minusgraden, frierend auf Holzbänken sitzend, fuhren wir eine gefühlte Ewigkeit in Richtung Berlin, in der Hoffnung, meinen Vater dort zu treffen. Meine Großeltern blieben zurück und haben in letzter Minute ihre Heimat und ihr Eigentum verlassen müssen. Sie wurden überrollt von der Wucht des Krieges, von der Vertreibung und dem Verlust an Sicherheit und Lebensexistenz. Davon haben sie sich nie mehr erholt. Sie flohen in voller Panik und mit der Ungewissheit über ihre Zukunft. Meine Großmutter starb an Überforderung und mein geliebter Großvater kam in Witzenhausen bei einer Gastfamilie unter. Meine Eltern und ich haben ihn noch ein einziges Mal besuchen können, was der Teilung Deutschlands zuzuschreiben ist.

Als meine Mutter und ich in Berlin ankamen, vermutlich auf dem Ostbahnhof, ertönten die Sirenen und wir rannten ohne Gepäck in einen Luftschutzbunker. Die Erschütterungen spürten wir selbst durch die dicken Betonwände. Nach der Entwarnung wollten wir unsere Habseligkeiten wieder aus dem Zug holen, doch diese waren nicht mehr da. So fingen wir wieder bei „Null" an und versuchten, zu Fuß unsere alte Wohnung zu erreichen. Aber auch diese war geplündert worden, da inzwischen mein Vater mit seiner Firma ins Erzgebirge versetzt wurde.

Mit einem Güterzug fuhren wir dann weiter in Richtung Erzgebirge und kamen nach einer Irrfahrt in Erdmannsdorf bei Augustusburg an. Der Bahnsteig war voller gestrandeter Menschen, die nicht wussten, wohin sie eigentlich gehen sollten. Viele hielten sich von außen an den Waggons fest, um noch mitgenommen zu werden. Es war ein Durcheinander, alle irrten hilflos herum und suchten nach einem Ausweg und einer Aufnahme. Man war fremd im eigenen Land. Wir hatten eine Information erhalten, dass mein Vater mit seinem Team und den Mitarbeitern nach Flöha bei Chemnitz evakuiert worden wäre. Persönlich war er im Pfarrhaus des Bergortes Augustusburg untergebracht. Zu dieser Zeit arbeitete noch die Drahtseilbahn, welche uns hinauf brachte. Dort angekommen, versuchten meine Mutter und ich zu Fuß zum Gemeindehaus zu gelangen, um nach dieser langen Zeit endlich unser neues zu Hause zu erreichen. Am Abend konnten wir meinen Vater in die Arme schließen und waren froh, diese Odyssee überstanden zu haben. In Augustusburg haben wir dann das Ende des Krieges und damit die Besetzung durch die Amerikaner und kurz darauf durch die Russen erlebt. Ein Pochen mit Gewehrkolben an die Eingangstür des Pfarrhauses verriet uns das bevorstehende Eindringen der Soldaten in unseren Wohnbereich. Mit großer Unsicherheit und auch Angst vernahmen wir die Geräusche und mein Vater öffnete die Haustür. Ein Trupp russischer Soldaten verschaffte sich Einlass in unsere kleine Wohnung. Meine Mutter war total verängstigt und verschwand im Schlafzimmer. Mein Vater bastelte gerade an einem Radio herum und die Soldaten setzten sich zu ihm, um dies mit Erstaunen zu beäugen. Die Anspannung legte sich sehr bald, da diese ein großes Interesse an den Basteleien zeigten. Irgendwie war an diesem Abend der Bann gebrochen und wir konnten zunächst wieder aufatmen. Allerdings gab es in anderen Haushalten erhebliche Probleme.

Unser Quartier in der Pfarrei

Nachbarhaus

Am kommenden Tag fuhr ein Wagen vor und sie nahmen meinen Vater mit. Erneut erlebten wir Unsicherheit und Angst. Das hielt drei Tage an, bis mein Vater wieder gebracht wurde. Er erzählte uns, man hätte ihn Radiogeräte reparieren lassen. Das war der Anfang für eine Verständigung mit der russischen Kommandantur in Flöha. Mein Vater erzählte uns später, dass die Sowjets von ihm die Übergabe der Firma an die Besatzungsmacht erzwangen, nachdem er erklärt hatte, dass er weder Nazi, noch in der NSDAP gewesen war. Dies war die Voraussetzung dafür, den Betrieb fortführen zu können, allerdings unter russischer Administration. Die Verhandlungen sollen sehr hart geführt worden sein und immer hätte eine Bedrohung in der Luft gelegen. Auch sei mit einer Pistole, auf dem Tisch liegend, verhandelt worden. So jedenfalls schilderte es uns später mein Vater. Nachdem diese Hürde genommen war, begann ein wenig Normalität in der Firma, weshalb die Entwicklung und Herstellung fernmeldetechnischer Anlagen fortgeführt werden konnte. Es war nun der Aufbruch in die Nachkriegszeit mit allen Schwierigkeiten und Hoffnungen, welche damit verbunden waren. Die Menschen besannen sich wieder auf ihre eigenen Stärken und entwickelten Verhaltensweisen, der permanenten Verunsicherung zu begegnen.

Meine Eltern und ich mit Freunden   Mein Vater in seinem Firmenbüro

Zuvor hatten die Amerikaner im Burginnenhof Säcke mit Kakaobohnen, Weißbrot und Leberwurst in Büchsen aufgetürmt, um sie an die Menschen zu verteilen. Nach so langen Entbehrungen, eine ungeahnte Wohltat für die Einwohner in Augustusburg. Aber das hielt nicht lange vor. Die überraschend von den Amerikanern überlassenen Vorräte gingen zur Neige und wurden zum Schluss noch gestürmt. Gleich nach dem Einmarsch der russischen Soldaten lagen Waffen in allen Ecken und unter Büschen, welche jedoch am nächsten Tag wieder entfernt wurden. Dennoch spielten einige Jugendliche mit Munitionen und Geschossen und sprengten sich dabei leichtfertig in die Luft. Es waren Tragödien, die sich hier abspielten. Meine Eltern und ich gingen gerade zur Burg, als das passierte. Mit einem lauten Knall explodierten Flaschen, die mit Sprengstoff gefüllt waren. Ein Überleben gab es nicht. Die Menschen ergaben sich ihrem Schicksal und liefen mit weißen Armbinden durch den Ort. Ein Zeichen für die Kapitulation. Zuvor mussten wir mit ansehen, wie Chemnitz bombardiert und dem Erdboden gleich gemacht wurde. Ein roter Feuerball zeichnete sich am Himmel ab und die Einschläge waren deutlich zu hören. Augustusburg wurde verschont. Hier gab es bis auf den Gebäudeschutz keine militärische Abwehr, weshalb auch nicht angegriffen wurde. Aber die Menschen waren verunsichert, hatten Angst vor den patrouillierenden Soldaten und hilflos gegenüber der Militärmacht. Besonders auch Frauen trauten sich nicht auf die Straße, da es gelegentlich zu Übergriffen gekommen war.

Aber mit der Zeit kehrte leise Hoffnung zurück, rückten die Menschen näher zusammen und halfen denen, die in Not gekommen waren. Die Nahrungsengpässe versuchte man durch Aktionen, wie Kartoffeln lesen auf abgeräumten Feldern und Getreide sammeln auf geernteten Flächen, auszugleichen. Um heizen zu können, wurden die Äste der Bäume mit langen Baumsägen bis zu den Kronen abgesägt und zu Kleinholz verarbeitet. Auch gab es Bezugsscheine für drei Baumwurzeln pro Familie, welche in mühevoller und kräftezehrender Arbeit aus der Erde geholt werden mussten. Dies geschah mit großen Hämmern und Metallkeilen. Eine besondere Art des Heizens bestand auch darin, Sägespäne in eine Blechtrommel zu pressen und anzuzünden. Diese brannte dann einige Stunden und erhitzte den Raum. Das Kinderzimmer hatte keine Heizung. Im Winter glitzerten die Wände und der Atem schien zu gefrieren. So bekam ich Asthmaanfälle und konnte öfters nur im Sitzen schlafen. Für meine Eltern und für mich waren es anstrengende Tage. Fieberschübe und Schüttelfrost waren die Folge. Der Winter 1945/46 war im Erzgebirge sehr kalt und hatte meinen Eltern alles abverlangt. Schnee und Eisglätte wollten nicht weichen. Im Frühjahr zogen wir in eine kleine Wohnung am Rande des Ortes und so genossen wir zum ersten Mal seit langer Zeit wieder ein richtiges zu Hause.

Unsere Wohnung in der Buschgartensiedlung am Wald

Umgeben von Wald und der nahen Drahtseilbahn, wurde mir ein vielfältiges Umfeld zum Spielen und Herumtoben geboten. Hier begann meine richtige Kindheit. Vergessen waren die Ängste und Unsicherheiten, die Entbehrungen der letzten Monate sowie die Verluste meines geliebten Spielzeugs. Die Natur hatte so viel zu bieten, angefangen vom Schloss Augustusburg und den kleinen

Gassen darunter, aber auch die unendlichen Möglichkeiten der Freizeitbeschäftigung, dem „Räuber und Gendarm" spielen und den vielfältigen sportlichen Betätigungen im Sommer, wie auch im Winter. Schlagballweitwurf und Wettrennen sowie weitere Straßenspiele wurden von uns Kindern mit Begeisterung durchgeführt. Im Winter banden wir Schlitten zusammen, um gemeinsam die Naturrodelbahn ins acht Kilometer entfernte Tal nach Erdmannsdorf zu fahren. Viel wurde improvisiert und zusammengeschraubt. Für Fahrräder gab es keine Schläuche. So wurden Spiralfedern auf die Felgen gespannt und einer Höllenmaschine gleich, glitt das Gefährt über die Straßen. Kinderwagen sahen aus wie Festungen auf Rädern. Sie waren dazu geeignet, mit ihnen Wettrennen zu veranstalten, oft auch mit Personen an "Bord". Unser Spielplatz wurde unter uns Kindern aufgeteilt und jeder bekam seine Ecke. Ein großer Baum diente uns zum Verstecken und zum Klettern. 1946 wurde mein Bruder Claus geboren und er wuchs mit gesundheitlichen Problemen durch eine Mangelernährung, beziehungsweise durch verunreinigten Rohzucker, auf. Ein Krankenhausaufenthalt wurde für ihn dringend notwendig und damit zur Belastungsprobe für meine Eltern. Nur mit großer Mühe konnten die Ärzte helfen und den kleinen Organismus wieder stabilisieren. Die Erleichterung war meinen Eltern anzusehen und so konnte mein Bruder bald wieder nach Hause geholt werden. Das Schlimmste war überstanden. Dennoch gab es noch Jahre danach viele Engpässe bei der Versorgung der Menschen. Oft musste improvisiert und auf Vieles verzichtet werden.

Ich erinnere mich noch an einen Pferdewagen, auf dem mehrere Säcke Rohzucker transportiert wurden. Durch den Verzehr dieses ungereinigten Süßmittels, besonders in Kinderspeisen, gelangte dieses in den menschlichen Kreislauf und verursachte damit erhebliche Magenprobleme. Mein Bruder musste nach Flöha ins dortige Krankenhaus gebracht werden, was nur unter großen

Schwierigkeiten gelang. Busse fuhren nicht und andere Verkehrsmittel waren schwer erreichbar. So mussten meine Eltern mit der Drahtseilbahn nach Erdmanndorf fahren, um von dort weiter mit dem Zug in die größere Kreisstadt. Hier bekam mein Bruder Claus die nötige Behandlung durch die Ärzte und es dauerte Tage des Bangens und Hoffens, bis der kleine Körper alles überstanden hatte. Zu Hause wieder angekommen, erholte er sich schnell und wuchs zu einem quicklebendigen Jungen heran. Meine Mutter wünschte sich eigentlich ein Mädchen als Kind, weshalb dem kleinen Jungen öfters Kleider angezogen wurden.

Beginn der Schulzeit in Augustusburg im Vorerzgebirge

Im September wurde ich eingeschult. Meine Eltern konnten mir keine Zuckertüte schenken und sie schämten sich dafür. Als Flüchtlinge war es für sie unmöglich, diese aufzutreiben. Ich war der einzige Schüler, dem dies widerfahren war. Auch die Einschulungsfeier konnte nicht stattfinden, da die Möglichkeiten hierfür, wegen der akuten Umstände, nicht gegeben waren. Dies alles war aber zu verschmerzen, vielmehr waren es die Schule, das Klassenzimmer und die Lehrer, welche mein Interesse fanden. Neben der Schule erlebte ich die ganze Fülle spielerischer Aktivitäten in einem für Kinder einzigartigen Umfeld. Im Sommer wurde das ganze Gelände mit allen seinen Möglichkeiten erobert, ob es das Fußballspielen auf dem Platz war oder das Bauen von Höhlen, in denen wir Kinder gehockt haben. Im Wald hatten wir unendlich viele Bewegungsmöglichkeiten und haben das auch reichlich genutzt. Eine schöne Zeit, die nie zu Ende gehen sollte. Während mein Vater von früh bis spät abends in der Firma arbeitete, war meine Mutter vorwiegend damit beschäftigt, das notwendige Essen heranzuschaffen, es zuzubereiten und am Abend zu servieren. Eine recht mühevolle und aufreibende Tätigkeit angesichts der Mühsal des stundenlangen Anstehens nach Milch und nach anderen spärlichen Lebensmitteln. Die meisten Leute transportierten ihre Einkäufe in Handwagen, da andere Verkehrsmittel nicht vorhanden waren. In Erinnerung ist mir geblieben, dass es bei uns zumeist eine „eingebrannte Grießsuppe", nach schlesischer Art, gegeben hat, aber auch Kartoffeln mit Soße und Weißkohl. Viel mehr gab es nicht, es wurde variiert und in vielfältiger Weise zubereitet. Einmal im Monat bereitete meine Mutter „Marinierten Hering" zu, der mir aber nicht geschmeckt hatte. Ich erinnere mich noch deutlich daran, dass mein Vater und ich ein schönes Radio einem Bauern gebracht hatten, um im Austausch dazu einen Sack Kartoffeln zu bekommen. Diesen schleppten wir dann mit dem Schlitten einige Kilometer weit durch den Schnee. Es war ein ständiges Bemühen um das „tägliche Brot", denn Hunger kann unerträglich sein und das Leben stark beeinträchtigen. Meine Eltern haben in dieser Zeit stark abgenommen, was nicht verwunderlich war. Denn die Sorge um die tägliche Existenz raubte ihnen oft den Schlaf und ließ sie manchmal daran zweifeln, ob das alles zu schaffen wäre.

Aber es gab auch positive Lichtblicke und aufmunternde Begegnungen mit beheimateten Menschen in Augustusburg. Meine Eltern erfuhren eine vielfältige Zuwendung einheimischer Familien und erlebten Freundschaften und geselliges Zusammensein mit vielen Persönlichkeiten des Ortes. Besonders mit Theo Friedrich, dem Besitzer des gleichnamigen Hotels „Kaffee Friedrich" verband sie eine enge Vertrautheit, was sich sehr oft auch in Einladungen zum Essen widerspiegelte. Noch heute ist dieses Haus ein wunderbarer Ort zum Genießen und sich verwöhnen zu lassen. Der Krieg war zu Ende, man fühlte sich befreit und konnte wieder Hoffnung schöpfen. Dies drückte sich auch im persönlichen Leben aus. Es verging keine Woche, in der nicht gefeiert oder ins Kino gegangen wurde. Besonders die Abende bei Theo Friedrich waren für meine Eltern immer ein besonderes Erlebnis. In der Konditorei gab es für mich viel zu sehen, aber noch mehr zu Naschen. Beim Abschied bekamen wir viele Süßigkeiten und Gebäck. Eine Wohltat für uns in diesen schlechten Tagen. Meine Eltern waren gerne zu Gast in diesem traditionsreichen Kaffee.

Hotel Cafe Friedrich in Augustusburg (Foto Friedrich) und Hotel Waldfrieden

Man gab uns durch Zuwendung eine neue Heimat. Bald lernten wir den Ort und sein Wahrzeichen, die Augustusburg, näher kennen. Kurfürst August von Sachsen ließ 1567 auf dem Schellenberg ein gewaltiges Jagdschloss bauen, um seine Stellung in der Region zu festigen. Im Kirchentrakt der Schlosskirche malte Lukas Cranach das Altargemälde und stellte darin den Kurfürst August und seine Familie mit seinen 14 Kindern dar. Bemerkenswert dabei ist, dass die Mitglieder der Fürstenfamilie auf dem Bild die Besucher intensiv ansehen, unabhängig vom jeweiligen Standort des Betrachtens. Man wird von den Blicken der Kurfürstenfamilie geradezu verfolgt. Eine besondere und einzigartige Darstellung des großen deutschen Künstlers Lukas Cranach aus Coburg.

Kurfürst August um 1570 Porträt von Lukas Cranach in der Schlosskirche und das Altarbild des Kurfürsten mit Ehefrau und seinen 14 Kindern.

Das gesamte Schloss besteht aus vier Eckgebäuden und dement-
sprechenden baulichen Zwischengebäuden, zwei Torbögen zum
Betreten der Anlage sowie verschiedene ehemalige Stallungen
und ein Brunnenhaus mit einer bemerkenswerten Brunnenanla-
ge. Betritt man diese Burg durch den Torbogen, eröffnet sich ein
beeindruckender Innenraum in gigantischer Größe. Aber vergessen sollte man auch nicht, dass die Augustusburg seit 1933 als
Sitz einer Reichsführerschule für den „Gau Sachsen" genutzt
wurde. Andere Ausstellungen wurden demzufolge geschlossen
und erhielten ihre erneute Bestimmung erst wieder nach dem
Krieg. Die Burg war in einem schlechten Zustand, viele Gemäuer
wurden als Lager für Vorräte, oder für Garagen, genutzt.

Großer Innenhof mit Blick auf das Brunnenhaus. In der Mitte der Glockenturm.

Die große Glocke im Mittelturm des Schlosses musste nach dem
Krieg erneuert werden und ging entzwei, als das Seil zum Anhe-
ben in den Glockenturm, riss. So musste eine Neue gegossen
werden, welche dann wieder ihren alten Platz einnehmen konnte. Da ich selbst anwesend war, haben mich diese Aktionen sehr
beeindruckt. Das Schloss selbst hat noch vieles mehr zu bieten.

Im Außenbereich sind umfangreiche Stallungen vorhanden, welche heute für museale Zwecke, u.a. für eine historische Kutschensammlung, genutzt werden. Aber der Höhepunkt in der hinteren Schlossanlage ist zweifellos das Brunnenhaus mit dem tiefsten Brunnen Sachsens (nach der Festung Königstein im Elbsandsteingebirge), in dem noch immer die alten Antriebsräder aus Holz zu sehen sind. Ochsen mussten diese damals bewegen. Der Brunnen wurde bis in eine Tiefe von fast 150 Metern erbarmungslos in das felsige Gestein gehauen, bis sich Grundwasser einstellte. Heute wird bei Führungen Wasser hinein geschüttet, welches erst nach unendlichen acht Sekunden am Grund aufschlägt. Der beleuchtete Brunnenschacht ist überwältigend und für die Zuschauer beängstigend zugleich. Da er durch ein Gitter abgesichert ist, besteht für die Besucher keine Gefahr.

Aufgang zur Burg. Früher ein Gefängnis.

Aber es gibt noch viele Sehenswürdigkeiten zu bestaunen. Da wäre die berühmte Linde. Sie wurde 1421 gepflanzt und die Legende besagt, dass ein lebenslänglich Verurteilter seine Unschuld beweisen wollte, in dem er behauptet haben soll, einen Baum mit dem Haupt nach unten und den Wurzeln nach oben, pflanzen zu wollen. So geschehen, wuchs dieser kleine Baum an und verschonte dadurch den Verurteilten vor Folter und Tod.

Eine weitere Besonderheit sieht man beim Aufgang zur Burganlage. Das ehemaliges Burggefängnis beherbergt die letzte Trophäe der damaligen Jagd, einen ausgestopften Bärenkopf. Dieser prangt an der Eingangspforte. Auch ein steinerner Pranger für die öffentliche „Züchtigung" beeindruckt die Besucher. Für uns Kinder war die Burg ein überwältigendes Objekt zum Spielen und Herumtollen. An den hohen Burgmauern verläuft ein umlaufender Weg, der dazu einlud, verschiedene Kinderspiele, wie Wettrennen, Verstecken und andere Unternehmungen, auszuleben. Unweit der Burg konnten wir Kinder auch einen verlassenen Steinbruch nutzen und dabei allerlei Beschäftigungen durchführen. Auch eine Natursprungschanze am Hang diente uns im Winter als Herausforderung für Mutproben mit Skiern und Schlitten.

Burg-Innenhof

Aber auch der Kunnerstein, ein Ausflugsziel mit Blick auf den Fluss Flöha, hat es uns Kindern angetan. Eine beeindruckende felsige Gegend mit engen Pfaden und wunderbaren Aussichten.

Meine Eltern mit befreundeten Paaren in gemütlicher Runde (1945/46)

Die kommenden fünf Jahre waren ausgefüllt mit Schulunterricht sowie mit lebhaften, schönen Unternehmungen in der freien Natur. Aufregende Erlebnisse gab es bei verschiedenen Veranstaltungen. Ich erinnere mich an einen Zauberer, vermutlich Marvelli, welcher im Lehngericht auftrat und sensationelle Verschwindungsszenen vorführte. Er ließ beispielsweise viele Eimer Wasser in ein großes Fass gießen, aus dem dann mehrere Wassernixen empor stiegen. „Hokuspokus" war sein geflügeltes Wort und so konnte er viele Gegenstände verwandeln oder verschwinden lassen. Das war für uns aufregend, sensationell und unbegreiflich. Wir Kinder waren geradezu hypnotisiert und beeindruckt. Diese Erlebnisse sind mir noch heute lebhaft in Erinnerung und sie haben sich in mir eingeprägt. Aber auch ein Illusionist und Zahlengenie brachte uns zum Staunen. Telepathische Gedankenspiele waren seine besondere Stärke. Versteckte Zahlenreihen und vieles mehr, konnte er aufsagen und damit alle Zuschauer beeindrucken. Auch alle Adressen und Telefonnummern aus dem Berliner Telefonbuch waren ihm geläufig und er beantwortete sie auf Zuruf. Ein Spiel mit Zahlen und Namen.

Mit meinem Bruder Claus verband mich von Anfang an ein zutrauliches und zugewandtes Verhältnis. Obwohl ich nur sechs Jahre älter bin, fühlte ich mich in vielen Belangen für ihn mit verantwortlich und wurde dadurch in die täglichen Aufgaben der Familie mit eingebunden. Das war auch dringend notwendig, da mein Vater seiner Arbeit nachging und meine Mutter für das tägliche Wohl zu Hause sorgen musste, einschließlich des Besorgens des täglichen Brotes und anderer Lebensmittel. Die Versorgungsengpässe in allen Bereichen waren daran schuld, dass die Menschen tagtäglich anstehen mussten, um ihre Familien "satt" zu bekommen. Es war quasi eine Art Arbeitsteilung in der Familie, jedem kam eine besondere Aufgabe im Alltag zu. Nur dadurch war ein harmonisches und verlässliches Zusammenleben möglich.

Drahtseil-Schienenbahn von Erdmannsdorf nach Augustusburg

Mein Bruder Claus als Baby, meine Mutter und ich Ende 1946

So sah der kleine Wonneproppen aus. Selbst das Tragen wurde zur Anstrengung, wie man hier unschwer erkennen kann. Das Leben mit ihm brachte neue Herausforderungen und Turbolenzen. Aber er wuchs behütet, und von unserer Mutter sehr geliebt, auf. Meine Entwicklung war „fast" abgeschlossen, nun galt die ganze Zuwendung unserer Eltern meinem Bruder Claus.

Meine Mutter und ich haben eines schönen Tages Chemnitz besucht, mit dem Bus und dann per Eisenbahn, um Verschiedenes einzukaufen. Aber was wir da sehen mussten, dafür gibt es keine Worte. Zerstörung wohin das Auge blickte. Nur das Rathaus, der rote Turm und das Kaufhaus Schocken, waren verschont geblieben. Wohin man guckte, alles lag in Trümmern. Baracken wurden errichtet und dienten den Geschäftsleuten als Unterstand. Der Anblick war verheerend und erschütternd zugleich. Straßenbahnen fuhren zwar wieder, aber durch Trümmerfelder und vorbei an notdürftigen Holzbaracken. Wie konnte es nur geschehen, das viele Elend, die Vernichtung und die Entwurzelung vieler Menschen. Die schöne Stadt Chemnitz hatte ihr Gesicht verloren und sollte es in späteren Jahren nie wieder bekommen. Unfähige und gleichgültige Bauherren, in einer Reihe mit der neuen Administration, vergewaltigten diese Stadt. Aber die Menschen waren froh, wieder ein zu Hause zu bekommen. Und so verlief der Wiederaufbau ganz nach den Vorstellungen der neuen inkompetenten Machthabern der SED und ihren ausführenden Architekten.

Mein Vater hatte aus Berlin sein Ingenieurteam und ihre Familien mitgebracht, welche sich ebenso in Augustusburg ansiedelten. Mit ihnen verband uns eine enge Freundschaft. Während die Väter gemeinsam in die Firma nach Flöha fuhren, versuchten die Ehefrauen ihre Familien zu versorgen. Anlass dazu gab es genug, denn alles musste zu Fuß erledigt werden und die Einkäufe verschlangen sehr viel Zeit. Anstehen und Warten waren ihr tägliches Brot. Auch im Winter kostete es viel Kraft, um die Wohnung zu beheizen, Holz und Kohlen bereit zu halten und Essen vorzubereiten. Wäsche wurde mit einem Riffelblech gereinigt und in einem Bottich gewaschen. Wasser musste auf einem Holzofen erhitzt werden und baden konnten wir nur in einer Zinkwanne. Alles sehr mühselig und belastend zugleich. Meine Mutter hatte mit all den Anforderungen die Grenzen ihrer Belastbarkeit erreicht, zudem kam noch hinzu, dass sie sich auch um meine Schulausbildung kümmern musste. Begleitende Betreuung war notwendig, da die ersten Schritte im Schulalltag alles andere als leicht für mich waren. Die Hausaufgaben mussten kontrolliert und Texte abgehört werden und das jeden Tag. Doch nach fünf Jahren erfolgreicher Tätigkeit wurde das Werk meines Vaters auf Anweisung der russischen Kommandantur Flöha geschlossen und es mit allen Konsequenzen für die Mitarbeiter danach aufgelöst. Die frühere Spinnerei zog nun wieder ein und arbeitete weiter.

Umzug nach Bautzen in der Lausitz

Mein Vater konnte einen Betrieb in Leipzig oder ein Werk in Bautzen übernehmen und entschied sich für das Fernmeldewerk Bautzen. Bei der ersten Besichtigung fiel uns auf, dass diese Stadt den Charme vergangener, mittelalterlicher Schönheit versprühte, aber auch als Hauptstadt der Sorben und Wenden galt. Diese waren mit ihrer besonderen Tracht im Stadtbild präsent und auf Straßen- und Hausschildern galt die Zweisprachigkeit. Später hatte meine Mutter ein Problem damit, da sie die sorbische Sprache nicht verstand und sich jedes Mal ärgerte, wenn in vielen Geschäften nur noch sorbisch gesprochen wurde.

Wir zogen also 1950 nach Bautzen und ich trat dort in die Ostschule ein. Zuvor wurden meine Mutter, mein Bruder und ich, mit einem alten PKW Trumpf Adler nach Bautzen geholt, da mein Vater bereits die Firmenleitung übernommen hatte. Voller Neugier und mit großen Erwartungen, begann ein neues Leben für uns. Wir zogen in eine ältere Villa, welche zweigeteilt noch eine andere Familie beherbergte. Mit Reckes, so hieß das Ehepaar, bekamen wir sofort Kontakt und meine Eltern freundeten sich mit ihnen an. Besonders mit dem Sohn der Familie, Kristian, habe ich sehr oft im Garten gespielt und mit ihm viele gemeinsame Stunden im Umfeld des Hauses verbracht. Hinter dem Haus erstreckten sich Felder, welche sehr viel später mit größeren Häusern bebaut wurden. Doch zunächst konnten diese von uns Kindern für allerlei Spiele genutzt, allem voran für das Drachensteigen und das Fahrrad fahren. Auf einem Ausflug in die Lausitz, besser gesagt in die Oberlausitz, hatte ich Molche aus einem Flusslauf gefangen, welche ich dann, zum Leidwesen meiner Mutter, in einem Wasserglas schwimmen ließ. Eines schönen Tages waren diese entflohen und meine Mutter geriet in helle Panik. Nach Wochen sagte meine Mutter zu mir: „Ich weiß nicht, unsere Küchentür geht nicht mehr richtig zu. Ein Molch klemmte dazwischen und war vertrocknet. Ein „tragischer" Vorfall.

Vor dem Eingang zum Haus in der Paulistrasse (Bautzen) und im Garten

Meine ersten Stunden in der neuen Klasse waren für mich überaus bedrückend. Der Klassenlehrer, Herr Schuster, hatte die Angewohnheit, Schüler, welche Geburtstag hatten, aber auch Neuankömmlinge, auf den Pulttisch zu heben, damit die Klasse ein Lied singen konnte oder man vorgestellt wurde. Dieses Ritual hat mich sehr verunsichert, weshalb ich kein Wort herausbringen konnte. Auch bemerkte ich sofort, dass die Klasse in zwei Teile gegliedert war, in die Reihe der Mädchen und in den Bereich der

Jungen. Auch im Unterricht war das zu spüren. Jungens wurden strenger angefasst, Mädchen hingegen hatten es leichter. Wie sich bald herausstellte, waren die Stunden recht anstrengend und disziplinierend. Erwartungsvoll warteten wir auf das nächste Klingelzeichen, welches die Pause einläutete. Diese kurze Zeit wurde genutzt, um allerlei Dinge anzustellen. Dabei beschmierten wir die Tafel, oder tobten herum, um die Mädchen in die Enge zu treiben. Als der Lehrer wieder ins Klassenzimmer kam, gab es Bestrafungen oder ein „Eckenstehen" während des Unterrichts. Disziplin und Gehorsam waren strenge Regeln in der Schule und im Klassenzimmer. Bei Zuwiderhandlungen galt es als Strafe, neben einer Mitschülerin sitzen zu müssen oder eine Menge Extra-Hausaufgaben zu bekommen. Mich verbanden viele Freundschaften zu Mitschülern, mit denen ich gemeinsame Abendteuer erleben konnte. Als Kind bauten wir Höhlen aus Zweigen und Blättern, verbargen uns darin und versuchten, den Älteren alles nachzumachen. Da wir als Kinder keine Zigaretten kaufen konnten, haben wir mit trockenem Laub und Zeitungspapier Zigarren gebastelt. Jedoch ein einziger Zug daran genügte, um für alle Zeiten die Hände davon zu lassen. Mir war so schlecht und ich erlebte Höllenqualen, so dass ich nie wieder den Genuss des Rauchens verspüren wollte. Das war der sprichwörtliche Schuss vor den Bug. Auch wurden Wettbewerbe im Drachensteigen zelebriert, bei denen ich mich mit einem übermäßig großen Exemplar beteiligt habe. Mein Drachen stieg und stieg, bis ich ihn über dem Bahnhof gesichtet hatte. Einige meiner Schulfreunde fuhren mit ihren Rädern die Strecke ab und berichteten voller Entsetzen, das dieser nach unten zu gleiten schien. Nun musste er eingeholt werden, aber wie ? Die Schnur war lang und insgesamt doch sehr schwer, so dass ich einige Mühe hatte, sie aufzuwickeln. Nachdem mir dieses Manöver geglückt war, konnte man mir die Erleichterung angesehen. In der Schule war ich mittelmäßig und zeichnete lieber die Inhalte auf Papier. So sahen meine

Biologiehefte aus wie Bilderbücher. Das machte mir sehr viel mehr Spaß, als das verbissene Lernen. Und dann war noch die Geschichte mit Erika, dem Mädchen, welches allein auf der Bank sitzen musste und uns allerlei Begebenheiten auftischte. Sie berichtete über Vorkommnisse in ihrer Familie und so erfuhren wir seltsame Dinge über zwischenmenschliche Beziehungen. Erika war ein aufgewecktes Mädchen und gegenüber anderen Mitschülerinnen bereits ziemlich entwickelt. Sie erzählte uns, sie hätte sich aus Neugier unter das Bett eines Mitbewohners der Familie gelegt, um hinter das Geheimnis seines nächtlichen Treibens zu kommen. Dabei hatte sie aber nicht bedacht, dass sie die ganze Nacht Zeuge vom Geschehen zwischen zwei Liebenden werden würde. Ihre Schilderungen darüber hatte uns neugierig gemacht und wir wollten noch mehr erfahren. Auf diese Art und Weise bekamen wir erstmalig einen Hinweis auf das Geschehen zwischen zwei erwachsenen Menschen. Wir Jungs hatten jedoch auch noch andere Dinge im Kopf. Wir bastelten Katapulte und störten damit den Unterricht. Auch befestigten wir Reißzwecken auf den Stuhlsitz, um unseren Lehrer zu ärgern. Die Bestrafung folgte auf dem Fuße, mit dem Gesicht zur Wand, musste man lange Minuten, mitunter auch eine ganze Stunde lang, in der Ecke stehen. Das war jedes Mal eine peinliche Angelegenheit für den Eckensteher, aber es machte doch so viel Spaß, unsere Lehrer zu ärgern. Meine Verhaltensnoten waren dabei nicht die Besten und ließen zu wünschen übrig. Mit der Zeit gelang es mir, meine Position in der Klasse zu stärken und obwohl ich kein „Musterschüler" gewesen war, diese auch auszufüllen. Besonders im Sport sah ich meine Zukunft und engagierte mich in allen Sportarten. Sowohl beim Turnen in der Halle, als auch bei der Leichtathletik auf der Sportanlage, konnte ich mich besonders entfalten. Laufen, Weitsprung und Schlagballweitwurf, aber auch Schwimmen und Ballspiele, waren meine bevorzugten Betätigungen. Hier hatte ich sehr viel Spaß und konnte mich damit hervor tun. Meine schulischen Leistungen ließen oft zu wünschen übrig. Darüber waren meine Eltern nicht besonders glücklich, besonders, als sie feststellen mussten, dass ich lieber auf der Straße spielen wollte, als zu Hause zu büffeln. So verlangte mein Vater von mir, dass ich Kapitel für Kapitel aus dem Buch „Max und Moritz" auswendig lernen sollte, was er auch selbst abhörte. Auch die Zahlenreihen musste ich Seite für Seite ins Heft schreiben, um sie zu lernen. Und so ging es weiter. Verfehlungen wurden mit Hausarrest geahndet, was mir besonders schwer gefallen war, wollte ich doch mit meinen Freunden die Welt „unsicher" machen. Einmal hatten wir den Einfall, die Luft aus dem Fahrrad unseres Sportlehrers herauszulassen. Nachdem er dies bemerkt hatte, stieg er auf sein Rad und ließ uns die Reifen wieder aufpumpen. Wir kamen so ins Schwitzen, dass uns förmlich die Luft wegblieb. Auch habe ich Niederlagen hinnehmen müssen. Als Erzgebirgler hatte ich den Vorteil, Ski fahren zu können und so wurde ich für einen Langlaufwettbewerb eingeteilt. Die Klasse setzte große Hoffnungen in mich, aber diese konnte ich nicht erfüllen. Ich habe total versagt und mich dafür unendlich geschämt. Im Laufe der Jahre wurden meine schulischen Leistungen immer besser und ich fand Gefallen daran, den Stoff zu erlernen und ihn auch zu verstehen. Besonders technische Lerninhalte, Physik und Geometrie beispielsweise, haben es mir angetan. Aber das Malen und Zeichnen stand auch weiterhin im Vordergrund meines Handelns und beides habe ich dann auch gerne weiter praktiziert. Meine Aquarelle und Zeichnungen besitze ich zu meiner Überraschung noch heute, denn Sie waren der erste Fingerzeig auf meine spätere berufliche Entwicklung. Doch das war mir damals noch nicht bewusst.

Über ein dramatisches Ereignis möchte ich unbedingt noch berichten. Als meine Familie einen Ausflug nach Dresden unternahm, saß mein Bruder zwischen meinen Beinen auf dem Vordersitz des kleinen DKW F7 und griff nach der Türklinke, welche vorn angeordnet war. Durch den Fahrtwind öffnete sich die Tür und mein Bruder wurde herausgerissen, wobei er auf dem Bürgersteig landete. Die Panik war sehr groß. Nach 200 Metern kam der Wagen zum Stehen und wir eilten, um meinen Bruder in unsere Arme zu nehmen. Er hatte viele Verletzungen und Schürfwunden, welche wir in einer Klinik behandeln lassen mussten. Gott sei Dank, war nichts gebrochen und mein Bruder hatte den Schreck bald überwunden. Aber natürlich konnten wir dieses Ereignis lange nicht aus unserem Gedächtnis verdrängen und immer wieder gab es gegenseitige Vorwürfe. Die Wunden verheilten, aber Schmutzeinschlüsse in der Haut blieben bis heute.

Was mich ebenfalls sehr geprägt hat, waren meine Erfahrungen mit der katholischen Kirche. Ich bin nur widerwillig in den Gottesdienst gegangen, da meine Mutter es so gewollt hatte. Sonntag für Sonntag das gleiche Ritual. Sehr oft wollte ich nicht mit und es gab jedes Mal einen Aufstand zu Hause. Mein Vater war Protestant und hielt sich aus allem heraus. Man muss aber bedenken, dass damals die Messe vorwiegend in lateinischer Sprache abgehalten wurde, weshalb ich nichts verstanden habe. Für mich zählte nur das Ende der "Veranstaltung", danach war ich befreit und konnte wieder nach Hause gehen. Der Glaube an Gott stellte sich bei mir nicht ein. Belastend für meine Seele waren die Beichten vor dem Priester. Ich war mir keiner Schuld bewusst und fragte meine Mutter, was ich gesündigt hätte. Sie meinte, ich solle den Katechismus lesen, dann würde ich schon etwas finden. Also sagte ich meinem Gegenüber hinter dem Vorhang, ich hätte gelogen und auch genascht, worauf der „hohe Geistliche" mir Vergebung versprach und mich ermahnte, das nicht wieder zu tun. Mit drei „Vater Unser" und drei „Ave Maria" sollte ich Abbitte tun. Danach bin ich am Sonntag zum Altar gegangen, wo ich die Hostie in den Mund geschoben bekam. Andächtig bin ich zu meiner Bank zurück gekehrt und verfolgte im Knien die Auflösung des papierdünnen Blättchens in meinem Mund. Völlig geschmacklos erschien mir diese Hostie zu sein, dennoch sollte sie zum Inbegriff für eine "Sündenvergebung" werden. Was ich beobachtete, waren die Rituale am Altar. Zur sogenannten "Heiligen Messe" stürmten in andächtiger Weise die Gläubigen nach vorn, um am Abendmahl teilzunehmen. Was sie bekamen, waren eben diese Hostien, aber Wein trank allein nur der Priester.

Meine Kommunion um 1953 Der Zug der Priester und Kommunionskinder

Doch die Kommunion, an der man schon ab dem neunten Lebensjahr teilnehmen konnte, geriet zu einer Farce für einen Jungen, wie mich, der mit alledem nichts anfangen konnte. Schon die Vorbereitung dazu, die vielen langweiligen Stunden voller Belehrungen und Rituale, machten mich lustlos und müde. Dann war der „große Tag" gekommen. In einem langen Kirchenumzug, an der Spitze die Priester, Ministranten und Fahnenträger, betrat man das Gotteshaus und die Andacht begann. Es war aufregend für mich, aber keinesfalls verinnerlichend. Ähnlich verlief dann Jahre später die sogenannte Firmung, in dem der Bischof allen Kindern ein Kreuz auf die Stirn zeichnete. Dennoch muss ich sagen, dass das anschließende Gespräch mit dem Priester im Kolpinghaus von erstaunlicher Offenheit war und er erstmalig über die Geheimnisse der Liebe aufklärte. Dies war für mich sehr verblüffend und es grub sich tief in mein Gedächtnis ein. Meine Erziehung zu Hause war alles andere als offen und vertrauensbildend. Im Gegenteil, Verklemmtheit und Prüderie wurde mir vorgelebt. Meine Mutter habe ich bestenfalls im Unterrock gesehen, aber auch da verhielt sie sich sonderbar. Mit beiden Händen hielt sie sich auch noch das zu, was möglicherweise auf das weibliche Geschlecht hindeuten könnte. So wurde ich erzogen.

Außer ein paar Andeutungen, hat sich mein Vater nie dazu geäußert. Wenn ich nicht durch die eigene Geburt überzeugt gewesen wäre, dass es das gegeben haben musste, ich wäre nie darauf gekommen. Noch lange Zeit wurde vom Klapperstorch gesprochen, eine Aufklärung fand auch später nie statt. Und so rasselte ich ungeübt und ohne das Wissen darum, in die unvermeidlichen persönlichen „Schicksalserlebnisse" hinein. Einen Halt in diesen Fragen konnte ich nicht erwarten, ich selbst war auf mich angewiesen. Und das war schwer genug. Einmal bekam ich bei meinen Eltern ein Buch in die Hände, die „Enzyklopädie der Frau", in dem Querschnittszeichnungen des Mannes und der Frau abgebildet waren. Als meine Mutter das bemerkte, verschwand dieses Buch für immer. Ich habe es nie wieder gesehen. Die absolute Tabuisierung, besonders in der Reifephase, hat mir schwer geschadet und mich verklemmt und ängstlich werden lassen. Lange habe ich gebraucht, zu lange eigentlich, um mich frei entfalten zu können. Aber ob mir das vollständig gelungen ist, daran habe ich noch immer meine Zweifel. Vertrauen ist gut, Kontrolle aber besser!

Die frühen Kindheitserlebnisse haben mich besonders geprägt. Da war zum Einen das Frauenkloster, wohin mich meine Mutter am Sonntag mitgenommen hatte, um der Andacht beizuwohnen. Es war für mich weniger das Glaubensbekenntnis, das ich dort ablegen sollte, vielmehr waren es die Eindrücke, die mich gefangen hielten. Einmal wohnte ich einer Zeremonie bei, indem eine junge Frau Zeugnis zu Gott abgelegt hatte und dann zur Nonne geweiht wurde. Symbolisch hat man ihr das Haar gekürzt und sie verschwand dann in den Kreis der „Schwestern". Beim Abendmahl öffnete sich eine kleine Luke in der Wand und der Priester reichte den Schwestern die runden Opladen zu. Wir alle in der kleinen Kapelle sahen nur den Mund der Nonnen, aber nicht ihr Gesicht. Dieses wurde durch eine Kopfhaube verhüllt. Selbst der Priester konnte nicht erkennen, wer sich dahinter verbarg.

Noch vieles mehr gäbe es zu berichten. Da wäre zum Beispiel der große Dom, ein imposantes Bauwerk aus dem Jahre 1430, seiner Fertigstellung. Zu meiner Zeit noch zweigeteilt für beide Konfessionen und durch ein drei Meter hohes Gitter getrennt. Gemeinsame Gottesdienste in der Ökumene gab es nicht. Jede Konfession beanspruchte das ganze Gotteshaus für sich, obwohl dieses nur zur Hälfte genutzt werden konnte. Später wurde das Gitter herabgesetzt und durch eine schmiedeeiserne kleine Brüstung ersetzt. Nun finden an Festtagen gemeinsame ökumenische Gottesdienste und Konzerte statt und diese werden sehr geschätzt.

Eine Besonderheit sorbischer Feste findet alljährlich in Bautzen statt. Das sogenannte „Ostereierschieben". An einem Berghang vor der Ortenburg werden Süßigkeiten und andere Leckereien herunter geworfen und eine Menschentraube fängt diese auf. Früher geschah dies mit harten Eiern, deshalb der Name „Ostereierschieben". Darüber hinaus findet zur gleichen Zeit das traditionelle Osterreiten statt. Kaplane, Priester, Pfarrer und Geistliche sowie namhafte Stadtvertreter, vereinigen sich zum großen Umzug auf dem Rücken vieler Pferde. Sie reiten eine größere Wegstrecke und kehren nach einiger Zeit zum Gotteshaus zurück, um das Osterfest zu feiern. Dieser Zug hat eine lange Tradition. Der Weg wird von vielen Schaulustigen und Gläubigen gesäumt, da sie es als ein bewegendes Ereignis empfinden, dabei zu sein. Ganz Bautzen ist dann im Ausnahmezustand und erfreut sich an dem besonderen Osterfest. Auch die Traditionen der Sorben und Wenden, mit ihren Trachten und Ritualen, sind herausragende Momente im Leben der Menschen in der Lausitz und in der Oberlausitz. Eine einmalige Besonderheit in dieser Region. Auch ein modernes Theater für sorbische Veranstaltungen und Theateraufführungen ist auf dem majestätischen Schlosshof entstanden und trägt dazu bei, die Kultur der Sorben und Wenden zu erhalten. Die Aufführungen erfolgen in der Sprache der jeweiligen kulturellen Eigenständigkeiten und werden durch diese auch weiterhin gefördert. Allerdings ist ihre öffentliche Präsenz rückläufig und im Stadtbild, außer bei offiziellen Veranstaltungen, kaum noch zu spüren. In Herrenhut und in anderen Orten der Lausitz, werden diese kulturellen Besonderheiten bis heute noch gepflegt und sie bestimmen den Alltag in diesem Landstrich. Wenn man heute nach Bautzen kommt, fallen einem die vielen Türme und Gotteshäuser auf. Zum Beispiel der legendäre Wasserturm mit seiner bemerkenswerten Turmspitze als Haupt des Turmes.

Der große Bautzener Dom, geteilt in zwei Konfessionen, davor das Rathaus

Die „Alte Wasserkunst" von 1527 in Bautzen.

Osterreiten der Pfarrer und Gemeindevertreter in Bautzen.

Bautzen wird nicht zu Unrecht als die "Stadt der vielen Türme" genannt und in der Tat, so viele Turmbauten findet man weit und breit nur selten. Da wäre die alte Wasserkunst, ein Turm mit einem Räderwerk im Inneren des Gebäudes, womit zur damaligen Zeit das Brunnenwasser geschöpft wurde. Weiterhin der "Schiefe Reichenturm" am Beginn der Fußgängerzone zur Altstadt. Aber auch der Marktplatz und die alten Gassen sind beeindruckend. Bautzen wurde während des Krieges so gut wie nicht beschädigt.

Bautzens schiefer Turm der obere Marktplatz.

Später trat ich in den Turnverein Bautzen ein und bekam einen Trainer, der wie kein anderer positiv auf mich wirkte. Er brachte mir Selbstvertrauen und turnerische Leistungen bei, die in verschiedenen Meisterschaften mündeten. Außerdem erlebte ich mit diesem Club einzigartige Momente der Freizeitgestaltung, des Wintersports und der sportlichen Betätigung.

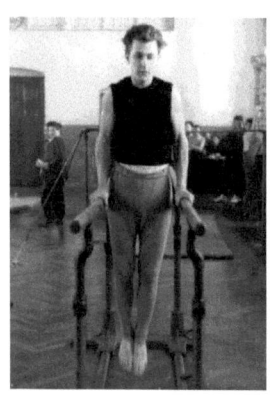

Am Barren und am Strand

So fuhren wir im Winter an die Lausche, dem höchsten Berg der Lausitz. Mit der Bahn über Löbau, Zittau und weiter mit dem Bus nach Waltersdorf. Dort zu Fuß mit den Skiern auf den 793 Meter hohen Gipfel, bereit für die Abfahrt. Einen Sessellift gab es noch nicht und so schaffte man nur wenige Abfahrten am Tag. Mit den Skiern auf dem Rücken, musste der Berg erklommen werden.

Höchster Berg der Oberlausitz mit 793 m. Im Winter ein kleines Skiparadies.

Besonders erlebnisreich waren die Einkäufe mit meiner Mutter, im größten und schönsten Kaufhaus Deutschlands, in Görlitz. Im Jugendstil erbaut, hat dieses eine wechselhafte Geschichte. Mit einer Grundfläche von 10.000 Quadratmetern wurde es 1912/13 fertig gestellt und beherbergt seither viele Geschäftsbereiche.

Jugendstilkaufhaus in Görlitz aus dem Jahre 1912/13

Dann war die Zeit gekommen, um zur Tanzschule zu gehen und den Tanzstundenball zu absolvieren. Für mich aufregend und neu zugleich. Der körperliche Kontakt zur Tanzpartnerin, die Formationen im Tanz und die Verhaltensregeln beim Umgang miteinander, wurden vom Tanzlehrer ausführlich vermittelt. Ein halbes Jahr lang wurde jede Woche geübt und dann gab es den Tanzstundenball mit den Eltern und Freunden. Ansonsten wurde mir zu Hause nahezu alles verboten, was mit Mädchen zu tun hatte. Liebesbriefe an eine Schülerin, welche ich sehr verehrte, wurden mir von meiner Mutter mit dem Argument: „Mach Du erst mal deine Schule, das hat noch Zeit", aus der Hand gerissen. Ein Vorkommnis, das künftig meine weitere Verhaltensweise bestimmen sollte. In Zukunft habe ich meinen Eltern alles Brisante verheimlicht, sie erfuhren so gut wie nichts mehr über meine Gefühlslage und über die Dinge, die mich beschäftigten. Manche Erfahrungen hätte ich gern mit ihnen besprochen oder es ihnen anvertrauen wollen, aber das war angesichts der Entfremdung nicht mehr möglich. Ich hatte sie damals sehr gebraucht und verehrte sie auch, aber meine uneingeschränkte Liebe zu ihnen blieb aus. Mit der Strenge meines Vaters und der Hilflosigkeit meiner Mutter, konnte ich nicht umgehen und so entstand kein Vertrauen zwischen uns. Aber es war auch die Zeit der Selbstfindung und des Nacheiferns. So fand ich mich schick, mit spitzen Schuhen, Hochwasserhosen und Ringelsocken aufzufallen. Außerdem war ich bemüht, eine Elvis Frisur zu tragen und so stolzierte ich wie ein Gockel durch die Stadt. Zuvor hatte ich meine Haare zur Elvis Tolle präpariert. Die Eitelkeit kannte keine Grenzen. Wo das nur herkam? Aber noch konnten wir ja nach Westberlin und erlebten dort die aufblühende Mode der 50iger Jahre. Ein Schuhmacher fertigte mir sogar zwei Paar Schuhe an, die jedoch so eng waren, dass ich nach kurzer Zeit nicht mehr laufen konnte. Aber schön war es doch und Auffallen war der Mühe allemal wert. Was haben ich, und die anderen alles angestellt, um die Blicke der Mädchen auf uns zu ziehen. Es verging kein Wochenende, an dem wir nicht wie Truthähne herum spaziert wären. Aber das Schlimmste daran war es überhaupt, die eigenen Unzulänglichkeit zu entdecken. Plötzlich war der Hals zu lang, die Nase zu krumm, die Ohren vielleicht ein wenig abstehend, das Kinn hervorstehend und vieles andere mehr. Nun musste daran gearbeitet werden. Nacht für Nacht habe ich auf dem Kinn geschlafen, bin mit Mutters Haarklemme ist Bett gegangen, um am nächsten Tag wie Elvis auszusehen zu können. Das alles war aufregend und quälend zugleich. Aber es musste sein, um einigermaßen mithalten zu können und dem Zeitgeist zu entsprechen. Mangelndes Selbstwertgefühl und die Suche nach der eigenen Identität, waren fortan meine bestimmenden Lebensinhalte. Meinen Eltern gegenüber habe ich vieles verschwiegen, denn ich wusste, dass sie es nicht verstehen würden. Für sie galten nur meine Leistungen in der Schule, alles andere hatte doch noch Zeit. Meine persönlichen Bedürfnisse spielten dabei keine Rolle. Im Gegenteil. Kontakte oder Beziehungen zum anderen Geschlecht, habe ich verschwiegen, um so dem Missfallen meiner Eltern zu entgehen. Aber als sich Freundinnen bei ihnen beschwerten, dass ich mit ihnen nicht behutsam genug umgegangen wäre, schwante ihnen der Verdacht, dass ihr Sohn ein für sie unbekanntes Leben führen könnte. Nun wurde ich zurecht gewiesen und man drückte die Erwartung aus, dass ich mich erst einmal um meine Schule kümmern sollte und das andere noch Zeit hätte. Wie es in mir selbst aussah, interessierte meine Eltern da nur wenig.

Portrait 1955 und 1964

47

Die Eitelkeit nahm Formen an, worüber ich heute nur lachen kann. Aber das war doch so wichtig in dieser Zeit. Außerdem entdeckte ich meine Männlichkeit und war total darauf fixiert, was da alles so passieren würde. Die Gefühle nahmen zu und sie prägten das eigene Gemüt. Ich ging auf Entdeckungsreise, erlebte die ersten Höhepunkte des Lebens und entwickelte Vorstellungen, wie das mit der Liebe so sein würde. Doch zunächst war Schule angesagt. Meine Eltern verheimlichten mir, dass es Zärtlichkeit und körperliche Annäherung überhaupt geben könnte. Diese Erfahrungen musste ich später selber machen und das war nicht einfach. Schließlich war ich gehemmt und unwissend erzogen worden, hatte Träume und auch Alpträume. Aber was sollte ich machen, wenn mir alles vorenthalten wurde ? Und so schlitterte ich in die Pubertät hinein, ganz von selbst und unbewusst. Es gab aber auch schöne, ja sogar sehr schöne Momente in dieser Zeit und so erlebte ich auch meinen ersten Tanzstundenball. Nach wochenlangem Tanzunterricht mit Tango und Walzer, lief es auf den großen Ball hinaus, indem die Partnerin in ihrem herrlichen Kleid ausgeführt werden sollte. Alle Jungens hatten sich bereits für ihre Mädchen entschieden, aber ich suchte noch vergeblich nach der richtigen Begleiterin. Vergebens ! So blieb mir nichts anderes übrig, als in meiner Turngruppe zu fragen, ob sich ein Mädchen erbarmen würde, mit mir diesen Abend zu verbringen. Irene sagte zu, es war ein Glück für mich, da sie bereits 2 Jahre zuvor einen Tanzkurs absolviert hatte. Zudem war sie sehr aufgeschlossen und nett, was mir angesichts meiner Zurückhaltung und Unsicherheit sehr entgegen kam. Wenige Tage zuvor musste ich mit einem Strauß Blumen meine Aufwartung bei Ihren Eltern machen, ein Ritual in der damaligen Zeit. Aber alles ging gut, wir trafen uns am Abend des Balles im Saal und unsere beiden Eltern erlebten ein sich beschwingt bewegendes junges Tanzpaar. Die erste Aufregung war schnell verflogen und so konnte ich mit meiner Partnerin gemeinsam die eingeübten Tanzformationen aufs Parket bringen. Wir genossen dann einen festlichen und stimmungsvollen Abend. Als Mitglied des Turnvereins der Stadt Bautzen, erlebte ich körperliche Ertüchtigungen und sportliche Herausforderungen. Das führte dazu, dass ich in die Leistungsgruppe des Vereins aufgenommen wurde und an mehreren Wettbewerben und am Schauturnen teilnehmen konnte. Ein Höhepunkt ergab sich durch die Teilnahme an einem Turnfest im Raum Stuttgart. Mit einem Bus fuhren wir über Frankfurt nach Esslingen und Filderstadt. Wir wurden freudig aufgenommen und absolvierten ein Schauturnen im Festsaal des Ortes. Hier habe ich erstmals Spätzle gegessen und dabei eine aufgeschlossene Atmosphäre erlebt. Für mich war dies ein einmaliges schönes Erlebnis.

Die ersten kritischen Situationen

Eine ganz andere Erfahrung musste ich 1953 machen. Uns wurde immerzu eingehämmert, „Von der Sowjetunion lernen, heißt siegen lernen". Auch wenn man nicht daran glaubte, dieser Slogan wurde ja in jedes Gehirn eingepflanzt, so dass es zu einer inneren Abwehr kommen musste. Aber frei nach dem Motto, „Es kann ja nicht sein, was nicht sein darf", verdrängte man diese „aufrüttelnden" Fehldeutungen. Am 5. März 1953 verstarb der Übervater aller Kommunisten und er wurde für die „Ewigkeit", neben Lenin, beigesetzt. Ich erinnere mich noch ganz genau, dass für viele Menschen, auch in der DDR, eine Welt zusammengebrochen war. Besonders Frauen in Bautzen konnte ich beobachten, dass sie Tränen in den Augen hatten und ungeniert weinten. So eine Anteilnahme für einen „Helden der Revolution" und „Befreier vom "Naziregime", hatte es bis dahin noch nicht gegeben. Die ganze Republik war erschüttert und huldigte diesem Führer. Aber all das nahm ich mit Verwunderung zur Kenntnis und war ganz verblüfft, welch hohe Anteilnahme diesem Menschen entgegengebracht wurde. Später stellte sich jedoch heraus, dass auch dieser Führer unzählige Menschen auf dem Gewissen hatte, wovon man bisher nichts wusste. Und so verehrten die Menschen, aus falsch verstandenem Glauben heraus, einen „Übergott" der Geschichte und huldigten in ihm seine angebliche Unfehlbarkeit. Drei Monate später begann der sogenannte Volksaufstand in der DDR und so konnte ich beobachten, wie sowjetische Panzer im Park vor unserem Haus Stellung bezogen hatten. Eine Demonstration der Macht und eine Einschüchterung der Menschen zugleich. Nach ein paar Tagen wurden diese zwar wieder abgezogen, aber die Verunsicherung bei vielen Menschen blieb. Es war für uns eine aufrüttelnde Zeit, verbunden mit unvergesslichen Vorkommnissen und grenzenlosem Misstrauen.

Zum Studium an die Ingenieurschule Mittweida

Nach dem Schulabschluss bin ich dem Wunsch meines Vaters gefolgt und habe zunächst eine Lehre zum Mechaniker im Schnelldurchgang absolviert, um danach das Studium in Mittweida aufzunehmen. Für mich jedoch war es eine harte Probezeit, doch zugleich auch die Vorbereitung auf das kommende Ingenieurstudium an dieser Hochschule. In dieser Zeit hatte ich ein Radiogerät entwickelt, dessen Design ich ganz nach meinem Geschmack gestaltet habe. Da ich selbst auch das funktionelle Innenleben dieses Gerätes, mit Hilfe meines Vaters, ausführen konnte, fühlte ich in mir nun auch den Drang, das äußere Erscheinungsbild bestimmen zu können. Hierin lagen bereits die Anfänge für meinen späteren Berufswunsch, eine künstlerische Ausbildung anzustreben. Der Gedanke daran, lässt sich schwer in Worte fassen. Heute sagt man "Design" dazu und umschreibt damit die Fähigkeit zum Gestalten und Ordnen funktioneller Dinge. Das gilt grundsätzlich auch für andere Kunstrichtungen, wie Keramik, Plastik, Metallgestaltung und Grafik. Aber zunächst ging ich erst einmal nach Mittweida zum Ingenieurstudium, um danach eine technische Laufbahn einschlagen zu können. Nach der Aufnahmeprüfung und einem Vorstellungsgespräch, begann mein Studium im Jahre 1977 an der altehrwürdigen Studienstätte, dem 1867 gegründeten früheren Technikum, an dem auch mein Vater bereits 1926 seinen Ingenieurabschluss gemacht hatte. Allerdings besaß das sogenannte „Studententum" der damaligen Zeit ganz andere Rituale. Männer schmückten sich mit den Attributen der Burschenschaften in der sogenannten „Schlagenden Verbindung". Studentenmützen und Brustbänder waren die äußerlichen Auffälligkeiten dafür, aber auch die „vermeintlichen Gelage" im Studentenkeller ließen keine Wünsche offen. Studiert wurde dennoch und so schloss mein Vater 1926 das Studium als Ingenieur für Elektrotechnik ab. Danach nahm er eine Stellung bei einer Elektrofirma in Frankfurt am Main an und meine Eltern lebten dort bis zur Übersiedlung nach Berlin. Hier wurde er zum künftigen Projektleiter für die Sparte Fernmeldetechnik bei Telefunken berufen. Aus der Erzählung meiner Eltern ist mir bekannt, dass für sie die Zeit in Frankfurt von besonderer Bedeutung gewesen war. Es entwickelten sich Freundschaften zu Menschen ihres Umfeldes, welche auch Jahre danach noch weiterhin gepflegt werden konnten. Davon habe sie noch oft berichtet.

Mein Vater als Student in Mittweida 1925

Meine Mutter als Kontoristin

Nun zurück zu meinem Studium in Mittweida. Mit meinem Studienfreund Heinz lebte ich zusammen in einem Doppelzimmer im Internat am Schwanenteich. Dort erhielten wir Bettwäsche und zahlten für einen Monat sage und schreibe nur 8 Mark der DDR. Die meisten meiner Mitstudenten erhielten monatlich 135 bis 185 Mark Stipendium. Für alle weiteren Ausgaben, wie Essen, Trinken sowie für Fahrtkosten und andere Verpflichtungen, musste man selbst aufkommen. Aufgrund dessen, dass mein Vater nicht im sogenannten „Arbeiter- und Bauernstaat" studiert hatte, wie es hieß, sondern in der „bürgerlichen Gesellschaft", bekam ich keine staatliche Unterstützung, was meine Familie sehr belastete. Der Sohn eines leitenden Funktionärs der SED hingegen, bekam dagegen das volle Stipendium. Bereits hier zeigten sich die unterschiedlichen Bemessungen aufgrund der Herkunft einer Person und zugleich auch die Benachteiligungen für Kinder aus den bürgerlichen Haushalten. Das setzte sich noch fort, als sich alle Studenten vor einem Arbeits- oder Ernteeinsatz im Sommer zu einer Zahlung von 15 Mark für gesellschaftliche Zwecke verpflichten mussten. Dagegen habe ich protestiert, da ich nur bereit war, einen geringeren Anteil zu spenden. Daraufhin wurde ich in die Kaderabteilung bestellt und bekam eine Rüge. Dieser Vorgang hatte tiefe Spuren bei mir hinterlassen und es zeigte mir, dass es sich lohnen würde, Widerstand zu leisten. Ich war schließlich der Einzige in meiner Studiengruppe, welcher auf diese Art und Weise gemaßregelt wurde. Ich erklärte, dass ich kein Stipendium erhielte und meine Eltern den Unterhalt aus eigener Tasche finanzieren müssten. Ich wäre zu einer geringeren Spendenhöhe bereit, dies jedoch wurde abgelehnt. Und so geriet ich automatisch unter Beobachtung und jeder weitere Anlass hätte zu meiner Exmatrikulation und zum Ausschluss vom Studium führen können. Es gibt einen Spruch dazu: "Widerstand, wo es sich lohnt zu kämpfen, aber hinzunehmen, wenn es keine Aussicht auf Erfolg verspricht". Aber beides auseinander zu halten, das ist die große "Kunst" des Lebens. Im ersten Sommer des Studiums brachte ein Sonderzug die circa 1500 Studenten der Schule nach Senftenberg in das dortige Braunkohlenrevier. Arbeitsbeginn war früh morgens um 5 Uhr. Busse brachten uns zum Tagebau, damit wir Holzschwellen unter die Schienen rammen sollten, auf denen dann Kohlezüge fuhren. Auf die herannahenden Braunkohlenzüge wurden wir durch ein lautes Sirenengeheul aufmerksam gemacht, worauf wir aufgeschreckt von den Gleisen sprangen und Sicherheit in einiger Entfernung suchten.

Die Studenten unserer Hochschule auf den Weg ins Braunkohlerevier 1957

Es war für uns alle eine mörderische und kräftezehrende Arbeit. Zwischen den jeweiligen Zügen war wenig Zeit, um die versunkenen Schienen wieder anzuheben und fahrtüchtig zu machen. Jeder Handgriff zählte. Mit großen Handwinden mussten die Schienen angehoben und halbe Baumstämme darunter geschoben werden. Erst dann konnte wieder ein mit Braunkohle beladener Zug die riesige Abraumfläche verlassen. Inzwischen beluden die Riesenbagger auf hunderte Meter langen Laufbändern weitere Züge, welche dann zur Weiterbeförderung ausrückten. Und das Tag für Tag, bei Wind und Wetter. Untergebracht waren wir in einer Barackensiedlung am Rande der Abraumhalden. Hier gab es am Ende eines jeden Tages den obligatorischen Fahnenappell mit dem Hissen der Flagge und einer Verlesung von Vorkommnissen und diversen „Absichtserklärungen und Zielsetzungen". Zuletzt bemühte sich die Hochschulleitung, allen voran der Parteisekretär, um „gute Stimmung" bei den Studierenden, indem uns erklärt wurde, einen noch höheren Betrag für die Staatskasse zu entrichten. Dieser einseitige Beschuss des Schulrates wurde von den meisten Studenten ohne Widerspruch hingenommen, alle hatten Angst, dass sie bei einer Ablehnung Nachteile hätten.

Reisezug zum Einsatzort Senftenberg

vor dem Kettenrad des Großbaggers

Schleppen schwerer Baumstämme

Gruppenbild im Kohletagebau

Einmal bin ich am Wochenende mit meinem Studienfreund Heinz ins Elbsandsteingebirge bei Dresden gefahren. Er besaß eine schnelle 250er Java, ein Motorrad aus Prag. Da wir morgens wieder zur Arbeit mussten, trafen wir uns schon sehr früh an der Autobahn, um mutterseelenalleine in Richtung Senftenberg zu fahren. Nachdem ich auf dem Rücksitz Platz genommen hatte, bemerkte ich, dass Heinz wohl eingeschlafen war. Im nu überkam mich ein kalter Schauer des Entsetzens. Wie sollte ich ihn aufwecken ? Ein zu forsches "Bemerkbar machen" könnte ein unkontrolliertes Handeln heraufbeschwören und einen folgenschweren Unfall verursachen. Also rief ich ganz leise -Heinz- und immer wieder -Heinz-, bis er bemerkte, dass er nahe daran war, uns ins Unglück zu stürzen. Sofort lenkte er sein Motorrad wieder in die richtige Spur und so fuhren wir weiter bis zur Unterkunft im Einsatzgebiet. Aber der Schreck saß tief, noch lange sprachen wir darüber und ich war entschlossen, nie wieder mitzufahren.

Bei Wind und Wetter arbeiteten wir im Braunkohletagebau in der Nähe von Senftenberg in der Lausitz.

Nach fünf Wochen Einsatz im Braunkohletagebau war allen die Erleichterung anzusehen. Wir fuhren mit gestählter Kraft und neuem Selbstbewusstsein wieder nach Hause und jeder von uns machte erst einmal Urlaub. Im September sah man sich wieder, der Unterricht begann. Aber bereits im Februar war Ausnahmezustand an der Schule. Der Karneval war in Sicht und umfangreiche Vorbereitungen dafür mussten getroffen werden. Das war aufregend und beflügelnd zugleich. Ein jeder versuchte sich vorzustellen, wie er zum Fest erscheinen würde. Ich selbst hatte mir noch eine riesige Havanna Zigarre gekauft und als ich zu Hause ankam, war diese nicht mehr im Glasröhrchen. Die Stimmung war auf dem Tiefpunkt. Dennoch gab es viel Freude und Heiterkeit, besonders unsere Dozenten genossen den Abend ausgiebig. Meiner Studiengruppe fiel ein Ärgernis auf, welches Studenten hervorgerufen hatten, die als Delegierte von Betrieben zum Studium geschickt worden waren. Sie traten sehr selbstbewusst und überheblich auf, weshalb wir einen ihrer PKWs auf das Eingangsportal der Schule gehoben haben. Das Resultat war erschreckend. Uns wurde die Exmatrikulation angedroht und nur durch Vermittlung eines Parteigenossen in unseren Reihen, konnte dieses Exempel verhindert werden. Spaß vertrug man absolut nicht.

Eingang zur Ingenieurschule Mittweida

Die Schulleitung und viele der Dozenten waren parteilich und reagierten auf unsere „Provokation" sehr empfindlich. Es kam zu weiteren Auseinandersetzungen in großer Runde und der Studentenrat sprach sich aber für unser Verbleiben aus. So geschah es und wir konnten das Studium fortsetzen. Der Schock saß tief und die Verunsicherung ebenso. Aber es kam noch schlimmer. Im zweiten Jahr des Studiums mussten wir Männer zur vormilitärischen Ausbildung nach Prenzlau. Fünf Wochen lang nur Drill und Trillerpfeifenbefehle. Ein Major, aus Hitlers Zeiten, und mehrere Feldwebel, schnauzten uns von früh bis abends an. Wir waren für sie nur Befehlsempfänger. Ein Sonderzug brachte uns wiederum zur Einsatzstelle. Dort mussten wir geschlossen in die Kaserne einmarschieren und unsere persönlichen Sachen abgeben. Danach ging es zum Kaltduschen unter Zeltplanen im Freien und weiter in die Schlafräume. Zirka 100 Menschen schliefen dort in einem Saal mit Doppelstockbetten und Spinten. Eine Privatsphäre gab es nicht. Früh sechs Uhr wurden wir mit einer Trillerpfeife geweckt und mussten sofort zum Frühsport ins Freie. Laufen, laufen, laufen, und das in militärischer Formation. Mehrere Runden um den Block. Zuvor durchsuchte ein Unteroffizier die Toilettenanlagen, um eventuelle Drückeberger mit lautem Gebrüll aufzuschrecken. Man muss sich vorstellen, die Anlagen hatten keine Türen und jeder konnte den Anderen sehen und hören. Zum Kaffeetrinken mussten wir im Gleichschritt und in Kompanieaufstellung zum Speisesaal marschieren. Und wenn das nicht so richtig klappte, dann eben noch ein zweites- und drittes Mal um den Block herum. Unsere Henkeltassen hatten wir alle in der rechten Hand und so ergab es sich, dass diese beim Marschieren des Öfteren kaputt gingen. Die Strafe folgte auf dem Fuße, Arrest oder Sonderaufgaben. Vorwiegend wurde exerziert und mit der Waffe, einem veralteten Karabiner, geübt. Der Major trieb uns zu immer schnelleren Bewegungen, wie Aufstehen, Hinlegen, Aufstehen, Hinlegen, an, was dem einen oder anderen immer schwerer fiel.

Ein etwas unbeholfener Student blieb einfach liegen und klagte über sein Knie, das er nicht mehr bewegen konnte. Er wurde in ein Krankenhaus eingeliefert, wo ihm sein rechtes Gelenk operiert werden musste. Dies war jedoch „nur" eine Schikane, die uns täglich ereilte. Früh morgens stramm stehen, mittags die gleiche Haltung einnehmen und am Nachmittag zum Abendapell wieder im Gleichschritt antreten und das Tag für Tag, fünf Wochen lang. Es war die Hölle für sensible Geschöpfe. Die Zeit nahm kein Ende und das Ganze fühlte sich an wie eine Ewigkeit.

Das Bett, also die Matratze, war mit einer einfachen Wolldecke überzogen und musste jeden Tag auf Kante gezwiebelt werden, das heißt, mit zwei Bürsten wurde diese durch paralleles Bearbeitung zur Ecke getrimmt, ein Vorgang, der von den Feldwebeln und Unteroffizieren genauestens überwacht und kontrolliert wurde. Wer das nicht erlebt hat, muss genau genommen an dieser Schilderung zweifeln. Ein Jahr später das gleiche Ritual, aber dieses Mal in Torgelow. Ausgang erhielten wir nur am Sonntag in

Kompaniestärke zu einer läppischen Veranstaltung der Unterhaltungsindustrie. Allgemeiner Freigang war strengstens untersagt.

Als beängstigend ist mir in Erinnerung geblieben, dass ich einen Militärpark in der Dunkelheit bewachen musste. Alle 2 Stunden wurde ich hinausgeschickt, diesen zu umschreiten, um mit einer geladenen Waffe die „möglichen" Eindringlinge abwehren zu können. Abgelöst wurde ich von einem anderen Soldaten, welcher mit einem Trupp aus dem Dunkel auftauchte. Davor hatte ich am meisten Angst, dass ich diesen nicht hören und er plötzlich vor mir stehen würde. Ein kalter Schauer lief mir über den Rücken. Ich war müde und konnte nicht mehr stehen, hatte Angst und mir war unheimlich zumute. Das war die schwärzeste Nacht meines Lebens. Noch heute geht mir das durch den Kopf und meine Empfindungen sind noch immer gleich angespannt.

Nach diesen Wochen ging das Studium weiter und wir alle waren nun Unteroffiziere der Reserve. Ich kenne niemand, der darauf stolz war. Selbst unseren Dozenten, die uns begleitet hatten, war dies anzumerken. Es gab aber auch Studenten, welche zuvor von der Armee kamen und nun in der Ausbildung als Feldwebel und Unteroffiziere eingesetzt wurden. Mit Anmaßung und Hochnäsigkeit drangsalierten besonders sie unsere begleitenden Dozenten, was ihnen später heimgezahlt worden war. Keiner dieser Sonderstudenten erreichte den Studienabschluss und sie mussten im Laufe der Zeit die Studieneinrichtung verlassen. So haben sich später die Dozenten für die persönlichen Demütigungen gerächt.

Unsere kompetenten und fröhlichen Dozenten   Dr. Schönlebe, ein Unikum

Dennoch, der Schulbetrieb war alles andere als eine lockere Angelegenheit. Diszipliniert und gleichgeschaltet verliefen Tag für Tag die Unterrichtsstunden, lediglich unterbrochen von Sonn- und Feiertagen sowie vom Sommerurlaub. Aber wir nahmen es hin und versuchten, das Beste daraus zu machen. Eine andere Möglichkeit gab es nicht. Diesen Vorgaben hatten sich alle Studierenden unterzuordnen, ein Aufmucken war nicht erwünscht und Studentenvertretungen konnte man vergeblich suchen. Doch es gab auch kleine Lichtblicke durch umgängliche Dozenten.

Designstudium an der Kunsthochschule in Halle

Mein Studium an der Ingenieurschule Mittweida neigte sich dem Ende zu, da informierte mich ein Student meiner Studiengruppe darüber, dass es eine Kunsthochschule in Halle gäbe, welche sogenannte „Formgestalter" ausbilden würde. Am nächsten Tag fuhr ich nach Halle und besuchte diese Studieneinrichtung. Es war Januar oder Februar 1960, als ich in das Sekretariat der Lehranstalt eintrat und mein Anliegen vorbrachte. Der Verwaltungschef, Herr Böser, empfing mich persönlich und rief einen Studenten des höheren Semesters zu sich. Dieser zeigte mir die Hochschule und dabei fühlte ich sofort, dass ich hier „angekommen" war. Voller Bewunderung, aber auch mit Neugier, betrachtete ich den Studienbetrieb. Dabei habe ich alles in mich aufgenommen, was ich zu sehen bekam. Eine „echte" Kunsthochschule eben, mit all seinen Fakultäten und Werkstätten, einfach umwerfend. Mein Herz hüpfte vor Freude. Ich war von der Atmosphäre und von der Vielfalt der verschiedenen Ausbildungsrichtungen sehr beeindruckt, so dass ich den Entschluss fasste, mich hier zu bewerben. Doch ich musste erst noch mein Ingenieurstudium abzuschließen, um ein sicheres Standbein für später zu haben. Schließlich hatte ich bereits einen Vorvertrag mit dem Halbleiterwerk Frankfurt/Oder in der Tasche. Zuvor musste ich noch mit meinen Eltern sprechen, um ihnen mein Vorhaben zu erläutern. Schließlich haben sie mir all die Jahre geholfen, das Ingenieurstudium zu finanzieren und ein weiteres Studium würde sie doch enorm belasten. Aber sie legten mir nichts in den Weg, im Gegenteil, mein Vater, selbst schwer erkrankt, riet mir sogar dazu und freute sich über meinen Eifer, das Kunststudium aufnehmen zu wollen. Es sollte der Wendepunkt in meinem Leben werden und zugleich eröffnete sich mir eine völlig neue Sicht auf mein zukünftiges Leben. Es kann sich wohl kaum jemand vorstellen, wie sich das plötzlich anfühlte. Eine zunächst für mich unbekannte Sehnsucht sollte nun in Erfüllung gehen und mein Leben total umkrempeln. Meine Erwartungen waren hoch und sollten auch in Erfüllung gehen.

Nun war der Weg dafür frei und ich konnte mich für das Designstudium bewerben. So reichte ich eine Zeichnungsmappe mit mehreren Aquarellen und Darstellungen ein. 1200 Bewerber hatten sich angemeldet und nur wenigen war es vergönnt, zur Aufnahmeprüfung eingeladen zu werden. Diese fand dann im Frühjahr 1960 statt. Drei Tage lang wurden wir auf „Herz und Nieren" geprüft, durchlebten aufregende Zeiten der Hoffnung und auch der Zweifel. Aber dann stand das Ergebnis fest: Ich wurde aufgenommen. Die Anspannung der letzten Tage wich der Erleichterung und so war der Weg frei für neue, ungewohnte Herausforderungen in einer Welt voller Kunst und Kultur. Für mich war es der entscheidende Schritt zur Selbstfindung und Befreiung aus persönlichen Zwängen. Wie Goethe sagte: „ Hier bin ich Mensch, hier darf ich sein", so fühlte es sich für mich an. Nun musste ich noch das „Eine" zu Ende bringen, bevor ich ein neues Kapitel meines Lebens beginnen konnte. Meine Abschlussarbeit an der Ingenieurschule Mittweida war für mich nur noch eine Pflichtübung mit einem kalkulierbaren Risiko. Nun konnte passieren, was es wollte, ich würde ja meinen Ingenieurabschluss in der Tasche haben und mich damit auf der sicheren Seite fühlen.

Und so geschah es. Zur Vorbereitung meines Zweitstudiums absolvierte ich noch einen Arbeitseinsatz in der Entwicklungsabteilung des Fernmeldewerkes Bautzen, jetzt schon als Jungingenieur. Ein volles Gehalt zu bekommen, war für mich in dieser Situation eine tolle Hilfe und dieses verschaffte mir mehr Selbstvertrauen und Sicherheit. Was könnte mir Besseres passieren, falls ich mit dem Studium an der Burg scheitern würde ? Ich hätte die Möglichkeit, dann wieder als Entwicklungsingenieur zu arbeiten und eine Stelle in der Industrie anzunehmen? So jedenfalls waren damals meine Überlegungen. Aber soweit wollte ich zunächst nicht denken. Meine Intensionen waren voll und ganz auf mein Kunststudium gerichtet und das hatte zunächst Priorität. Natürlich war ich noch durch das „spießige" Ingenieurstudium geprägt, aber das sollte sich bald ändern. Jedenfalls war ich froh und erleichtert, die Strenge des Technikstudiums verlassen zu haben, um in ein anderes Umfeld eintauchen zu können. Dieses sollte mein weiteres Leben total verändern und mir das Gefühl vermitteln, eigene, sinnvolle Entscheidungen treffen zu können. Ich fühlte mich plötzlich befreit aus einer ungewollten Verengung auf meine berufliche Entwicklung als Ingenieur. Die Ausübung dieser Tätigkeit hätte mich vermutlich daran gehindert, meinen persönlichen Anlagen und künstlerischen Ambitionen nachzugehen und diese weiter entwickeln zu können.

Burg Giebichenstein in Halle an der Saale - die Oberburg

Nun galt es, sich auf das Kunststudium vorzubereiten. Im Gegensatz zu Mittweida, wo ich in einem Internat wohnte, bezog ich bei einem älteren Ehepaar ein kleines Zimmer am Rannischen Platz. Die erste Begegnung mit meiner Studiengruppe erlebte ich als neugieriger Mensch in einer überaus reizvollen und beeindruckenden Umgebung. Eine Hochschule, inmitten mittelalterlichen Burgmauern, ist etwas Außergewöhnliches. Die namensgebende Burg Giebichenstein geht auf das 9. Jahrhundert zurück und gliedert sich in die Oberburg, mit ihrem Turm als Wahrzeichen, und in die Unterburg, mit den Stallungen und dem großen Speicherhaus. Seit 1383 war sie Hauptresidenz der Erzbischöfe von Magdeburg. 1503 verlor sie ihren Status an das Schloss Moritzburg in Halle. Fortan diente die Burg als Verwaltungssitz des Amtes Giebichenstein. Seit 1915 lehrten bekannte Künstler an dieser Einrichtung, u.a. die Begründer der Schule für Werkkunst, Paul Thiersch und der Maler Charles Crodel. Sie waren es, die ihre Schule zu Anerkennung und überregionaler Wertschätzung führten. In verschiedenen Fachrichtungen, wie zum Beispiel in Keramik, Schmuck- und Metallgestaltung sowie Textil- und Webkunst, haben Studenten und Lehrer herausragende künstlerische Objekte entworfen und gefertigt. Diese Lehranstalt besitzt den Status der Einzigartigkeit und ist als Impulsgeber weltweit anerkannt.

Oberburg mit Turm   Haupteingang zur Burg (Kunsthochschule)

Schon allein beim Durchschreiten der Eingangspforte zur Unterburg wird den Studierenden und den Besuchern das Gefühl vermittelt, in eine andere Welt einzutauchen. Da sich hinter den mächtigen Türen der verschiedenen Kunstabteilungen die Studienräume und Werkstätten befinden, bleiben diese nach außen hin scheinbar unzugänglich und nur für die Studierenden geöffnet. Kaum war man im Inneren der mächtigen Räume angelangt, umgab man sich mit einer seltsamen Aura der Faszination auf eine unerwartet interessante, künstlerische Arbeitsatmosphäre.

Der erste Tag an der Burg war mit einer Einweisung und der Abwicklung von Formalitäten verbunden. Danach nutzten wir, die 15 neuen Personen unserer Studiengruppe, zu einer Gondelfahrt auf der Saale. Hoch droben erhob sich majestätisch die Oberburg mit dem imposanten, mächtigen Turm. Aber all dies war für mich nur der Anfang einer herausfordernden und inspirierenden Zeit. Es war der Beginn einer Veränderung in meiner Einstellung zum Beruf und zu den Erwartungen, die sich daran knüpften. Alles war neu, kein Klingelzeichen zu Beginn einer Vorlesung oder einer handwerklichen Ausbildung. Mit wenigen Absprachen lief alles von allein. Schließlich genossen wir das „schönste" Studium der Welt. Mit Stolz trugen wir große Zeichenmappen unter dem Arm und bewegten uns wie „Künstler" im Umfeld der Schule. Schließlich waren wir nun „Burgstudenten" und jeder sollte es sehen. In Halle und darüber hinaus besitzt die Burg eine unübertroffene Anziehungskraft, was nicht zuletzt darauf zurückzuführen ist, dass hier Generationen von Künstlern ausgebildet wurden, welche später die Stadt geprägt haben. Sie wurden zu Persönlichkeiten im Lehrbetrieb der Schule, wie die Plastiker Prof. Müller und Prof. Lichtenstein, aber auch Prof. Willi Sitte als Maler und Zeichner. Bekannt geworden sind ebenfalls Albert Ebert und Otto Möhwald, beides Bildende Künstler. Sie alle waren mit der Burg eng verbunden und haben diese sehr geprägt. Besonders Albert Ebert galt als Unikum in der Künstlerszene Halle. Er war bemüht, als Student an der Schule aufgenommen zu werden, jedoch hatte er kein Glück, er wurde nicht angenommen. Statt dessen arbeitete er als Heizer in der Schule und intensivierte seine künstlerischen Anlagen in eigener Regie, bis er entdeckt wurde und er heute zu den erfolgreichen Künstlern der Region zählt. Eine ständige Ausstellung in der Moritzburg unterstreicht dies.

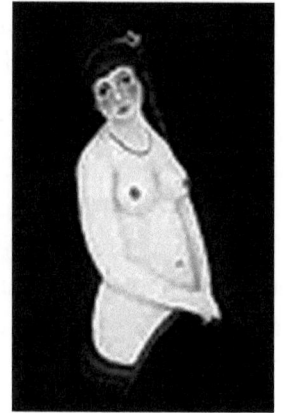
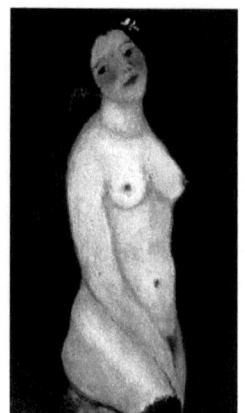

Maler Albert Ebert, ehemals Heizer in der Burg   seine Aktbilder

Dies alles begann mit Paul Thiersch, dem Begründer der Werk-
kunstschule, selbst Architekt und Rektor von 1915 bis 1928. Ihm
ist es zu verdanken, dass tausende von Studenten diese Schule
mit einem neuen Blick auf sich selbst und auf die Welt verlassen
haben. Mit Charles Grodel, Maler und Grafiker, sowie dem Bild-
hauer Gerhard Marx (1928-1933) erlebte die Burg eine Blütezeit
modernen Gestaltens und kreativem Schöpfertums. Diese Grundlagen werden noch heute gelehrt. Sicherlich mit anderen Heran-
gehensweisen und neuen Zielen. Aber die Einheit aller Fakultäten, sei es Malerei oder Architektur, Metallgestaltung und Keramik, Hoch- und Flachweberei mit bildhafter Gestaltung, sind das
Fundament für eine fachübergreifende Ausbildung. Ich selbst war
besonders davon angetan, in allen Abteilungen, einen Tag in der
Woche, hospitieren zu können. Dieses geschah in den ersten 2
Jahren im sogenannten Grundstudium. Hier wurden wir in unterschiedlicher Weise auf das innere Verhältnis von Kunst und Gestaltung vorbereitet und dabei lernten wir die wesentlichen
handwerklichen Fähigkeiten kennen. So in der Holzwerkstatt der
Abteilung Architektur das Schreinern und Drechseln, in der Keramik die Anfertigung von Gießformen für die Tonabformungen
und in der Metallwerkstatt das Treiben und Verarbeiten von

66

Messing- und Kupferblechen. Mit großer Leidenschaft absolvierte ich alle diese Tätigkeiten und es entbrannte in mir der Wunsch, diese handwerklichen Fähigkeiten noch zu vertiefen. Und so beeilte ich mich, von einer Ausbildungsstätte zur anderen zu gelangen, um ja nichts zu verpassen. Zu interessant waren all diese Ausbildungsangebote für mich. Sie gaben mir das Gefühl, mit meinen Fähigkeiten gestalten zu können und mein handwerkliches Können weiter zu entwickeln. Die gemeinsame Ausbildung in dem kleinen Kreis unserer Studiengruppe verhalf mir dabei, mehr Verständnis für das "Gestaltbare" zu erhalten und darüber hinaus die Fähigkeit entwickeln zu können, die Zusammenhänge zwischen Proportionen, Spannungen und Ausgewogenheit zu erkennen, welches die Grundprinzipien beim Gestalten sind. Durch die zunehmende Hinwendung zu den ureigensten Gestaltungsgrundsätzen konnten sich diese Gedanken in mir verfestigen und sie wurden zur Grundlage meines späteren Handelns. Dabei fand quasi eine „Schulung des eigenen Gefühls" statt. Hat man dieses Gefühl einmal verinnerlicht, so wurde es zum eigenen Maßstab bei künftigen Gestaltungsprozessen. Wo andere die Theorie bemühen müssen, sind hier die gestalterischen Abläufe zu einer emotionalen Angelegenheit geworden. Dies in den Mittelpunkt der Kunstausübung zu stellen, war das Ziel meiner künftigen Auseinandersetzungen mit der Kunst . Die Wandlung vom Techniker zum Künstler vollzog sich stetig, insbesondere durch die Bereicherung von künstlerischem Wissen und persönlichen Einsichten. Allein durch das Umfeld und durch die vielen Herausforderungen in der Praxis, konnte ich mich zu einem kreativen Menschen entwickeln, der von nun an die Kunst und speziell das Design im Vordergrund sah. Zudem habe ich meine Anlagen für die künstlerische Arbeit freisetzten und entfalten können. Noch heute bin ich dem Zufall dankbar, dass ich dieses rechtzeitig erkannt habe und ich dadurch diesen neuen Weg einschlagen konnte. Eine für mich positive Veränderung in meinem Leben.

Mit Prof. Zitzmann, unserem Grundstudium-Lehrmeister, auf engstem Raum.

Das Grundstudium bildete die Grundlage für alle weiteren Ausbildungsrichtungen. Es vermittelte uns Studenten ein hohes Maß
an Erkenntnissen über das Gestalten allgemein. Oft wussten wir
nicht, wohin und in welche Richtung die eine oder andere Aufgabe führen sollte. Mitunter kam es vor, dass wir davor standen
und nicht einordnen konnten, an welche Stelle ein Punkt oder ein
Strich gesetzt werden musste, um das Blatt ausgewogen und
spannungsvoll erscheinen zu lassen. Eine Prozedur, die sich nach
vielen Wochen förmlich in die „Haut" eingebrannt hat. Das war
der Schlüssel zur Bewältigung späterer Gestaltungsaufgaben. Aus
dem „geschulten" Gefühl heraus, entwickelte sich eine Sicherheit
beim Gestalten in alle Bereichen der Kunstausübung. Mit diesem
Grundwissen und dem sicheren Gefühl für Proportionen, Spannungen und Ausgewogenheit, waren nun gestalterische Aufgaben in allen Disziplinen zu meistern. Das betrifft das Fachgebiet
Design, aber auch all die vielen anderen Disziplinen, wie Keramik,
Metallgestaltung, Malerei, Grafik und Architektur. Das ist das
Rüstzeug für alle Arten des künstlerischen Schaffens allgemein.

Meine Studiengruppe am Anfang des Studiums im Burghof und im Hörsaal

Mein technisches Verständnis für Material und Verformungs-möglichkeiten halfen mir dabei, Dinge schnell zu erfassen und sie umzusetzen. Das war der Vorteil meiner Ingenieurausbildung. Aber was ich lernen musste, waren die gestaltbildenden Voraus-setzungen als Grundlage für die konkrete Umsetzung im weites-ten Sinne. Gemeinsam mit meinen Studienfreunden haben wir formale, grafische Darstellungsbilder zu Papier gebracht, welche später analysiert und bewertet wurden. Dabei nahm sich unser Professor Zitzmann sehr zurück, wenn es um die Einschätzung der einen oder anderen Arbeit gegangen ist. Er überließ es uns, die richtigen Schlüsse daraus zu ziehen und Bewertungen sowie Einschätzungen abzugeben. Darin bestand seine anerkennens-werte Methode, einem jeden eigenständige Beurteilungen abzu-ringen. Dies war manchmal ein ungewisses Vorhaben, doch nach einiger Zeit vertiefte sich die Einstellung zur Gestaltung und zur Kreativität. Ein Prozess für Seele und Gefühl. Viele kreative Mo-mente sind nur aus dem Schaffensprozess heraus erklärbar, eine Leitlinie dafür kann nicht starr vorgegeben werden. Das erklärt auch die große Bandbreite der schöpferischen Ausdrucksmög-lichkeiten und deren fortschreitende Entwicklung. So sagte ein-mal Picasso: "Dass es früher feste Begriffe und klassische Vorga-ben für die Kunst gegeben habe, aber nun, da sich alles in einer Veränderung befinden würde, werden festgefügte Prinzipien verlassen und sie wandeln sich in eine neue Formensprache um".

Der Eingang zur Burg   Der Zugang zum Gelände

Unser Rektor, Professor Funkat, war eine außergewöhnliche Persönlichkeit. Man begegnete ihm mit Respekt und Ehrfurcht. Seine Schwächen erzählte man sich hinter vorgehaltener Hand. So kursierte ein Ausspruch von ihm: „Es gäbe nichts, was sich nicht von selbst erledigen würde". Und damit hatte er verdammt Recht, denn einmal fuhr er mit seinem Architekturprofessor Engemann nach Berlin, um an einer Sitzung verschiedener Kunstschulen teilzunehmen. Es war Samstag, schon merkwürdig ohnehin, die Tür des Veranstaltungsortes war geschlossen. Daraufhin beäugte man gemeinsam noch einmal die Einladung und entdeckte zum Entsetzen beider Teilnehmer, dass der Termin bereits vor einem Jahr gewesen war. So geschehen, reiste man unverrichteter Dinge wieder nach Halle und meinte dann, "es gäbe doch nichts, was sich nicht von selbst erledigen würde". Dieser Ausspruch wurde zu einem geflügelten Wort an der Burg und zum Gegenstand der Belustigung. Prof. Funkat war Bauhausschüler und hatte viele der bemerkenswerten Persönlichkeiten dieser Ausbildungsstätte persönlich noch erlebt. Im Umgang mit Studenten war er stets sachlich und zu seinen Mitarbeitern und Professoren höflich und interessiert. Bei internen Feiern sowie beim legendären Burgfasching, konnte man ihn stets locker und in bester Stimmung erleben. Er wurde von allen Studierenden sehr geschätzt und Prof. Funkat selbst konnte dies auch genießen. Besonders zu Faschingsveranstaltungen war er in seinem Element und genoss das Treiben.

Rektor Prof. Funkat nimmt die Laudatio der Faschingsveranstaltung entgegen.

Zwei Jahre zuvor wurde diese Veranstaltung von höchster Stelle aus verboten, da es sich herumgesprochen hatte, dass einige Aktmodelle im Evakostüm erschienen waren. Das war für diese freizügige Schule durchaus normal, kannte man doch die Mädchen ohnehin vom Aktzeichnen her. Aber bereits 1961 war man wieder bereit dazu, einen Burgfasching auszurichten, welcher in allen Räumen und Kellerverließen stattfand. Das war ein Riesengaudi und in der Stadt Halle unübertroffen und begehrt.

In den ersten zwei Jahren war das wöchentliche Aktzeichnen von größter Wichtigkeit, um die Körperformen mit leichtem Strich wiederzugeben. Proportionsstudien und das Erfassen von Formverläufen waren dabei wichtige Gestaltungsziele der Ausbildung. In einem großen Atelierraum haben wir verschiedene Aktmodelle gezeichnet, mit Feder, Tusche oder Kohle. Einmal erlebten wir ein männliches Modell, welches wie ein Cowboy ein Lasso schwang und sich im richtigen Zeitpunkt über eine viertel Stunde lang nicht rührte. Seine Figur war sehr schlank und drahtig, aber schwer zu zeichnen. Dagegen waren weibliche Modelle, besonders starke Figuren, spannungsvoller und sinnlicher. Einmal unterhielt sich ein weibliches Aktmodell mit Prof. Zitzmann, der ihr gegenüber einen Kopf kleiner war, da sie nackt auf Pumps einher schritt. Wir waren darüber sehr amüsiert und konnten uns das Lachen kaum verkneifen. Aber das Modell stand wie eine "Eins".

Keramik- und Metallstudios. Plastikstudio in der Unterburg.

Mein Aufenthalt im Zimmer meiner Vermieter nahm ein jähes Ende, da ich mit Studenten feierte und sie die Polizei gerufen hatten. Sie duldeten keine Besuche und haben dies meiner Schule gemeldet. So musste ich in eine feuchte, von Mäusen heimgesuchte, Erdgeschosswohnung ziehen, nachdem drei meiner Semesterfreunde ausgezogen waren. Es war die Hölle für mich und gruselig obendrein, aber eine andere Lösung gab es zu diesem Zeitpunkt nicht. In der oberen Etage hatte sich ein Gestaltungsteam etabliert, welches an Entwicklungen industrieller Produkte arbeitete, aber auch Lehrtätigkeiten an der Hochschule übernahm. Dies war der Beginn des Designs im ostdeutschen Nachkriegsstaat. Die Mitarbeiter dieser Einrichtung gründeten später in Berlin das sogenannte „Amt für industrielle Formgestaltung", ein Kontrollorgan im Sinne der Reglementierung des Designs in der DDR. Leiter wurde der Honecker Vertraute, Staatssekretär Kelm. Ihm ist es zu verdanken, dass später der Wettbewerb ausgeblieben ist und alle Designer gleichgeschaltet werden sollten. Aber das alles war zum Zeitpunkt meines Studiums noch nicht abzusehen, sollte sich aber in den siebziger Jahren ändern, da rücksichtslos alle individuellen, freiberuflichen Arbeitsformen bekämpft und ausschaltet wurden.

Doch zunächst habe ich auch weiterhin mein Designstudium und das kreative Gestalten fortsetzen können. Nach Absprache mit Professor Laux, meinem Fakultätsleiter, konnte ich nach dem vierten Semester ein Jahr überspringen und landete somit in einer neuen Studiengruppe. Hier waren wir dann nur noch zu Viert in der Sektion „Formgestaltung und Design". Alle anderen des Studienjahres verteilten sich, entsprechend ihres Berufswunsches, auf die verschiedenen Fachrichtungen der Hochschule, u.a. in die Fachabteilungen Malerei, Kunsthandwerk und Plastik.

Später sahen wir uns nur noch im Hörsaal zu gemeinsamen Vorlesungen und Veranstaltungen sowie bei interessanten Vorträgen und bei gesellschaftlichen Aktivitäten. Ich erinnere mich an eine Diskussion über das Design von Kunststoffelementen, welche von Dozenten und Studenten bewertet werden sollten. Dabei führte unser Architekturprofessor Engemann das Wort und beschrieb deren Inhalte. Er war der Meinung, dass jegliche Formgebung den funktionellen Erfordernissen entsprechen sollte, um einen hohen Gebrauchswert zu erzielen. Es entzündete sich darüber eine breite Diskussion zum Thema "Form und Funktion" eines Produktes. Doch generell schienen sich alle darüber einig zu sein, dass es unterschiedliche Auffassungen zur Formgebung geben müsse, um zu einer Vielfalt an gestalterischen Möglichkeiten zu gelangen. Lebhafte Auseinandersetzungen über "Form und Inhalt" waren die Grundvoraussetzungen für ein erfolgreiches Studium. Diese Diskussion wurde zum Gegenstand der Auseinandersetzungen in allen Bereichen der künstlerischen Ausbildung an dieser Lehranstalt und sie trug somit wesentlich zur Meinungsbildung im Bereich einer nachhaltigen Kunstförderung bei.

Schöne Idylle im Burghof, Kletterrosen und viel Grün. Kleinod zum Schwelgen.

Dabei galt mein besonderes Interesse der Umsetzung formgestalterischer Aufgaben, von der „Schüssel aus Kunststoff" bis hin zu Fahrzeugen im Modellformat. Großen Spaß hatte ich an der handwerklichen Bearbeitung von Kupfer und Messing, durch Treiben, Hämmern, Ausglühen und Polieren, um zu Metallgegenständen zu gelangen. Aus einem Stück Messingblech eine Schale zu formen, das hat schon etwas. Über Treibpilze, mit vielen Hammerschlägen, dem Blech eine Form zu geben, war langwierig, aber konnte auch süchtig machen. Dabei wurden viele Gefäße und Schalen geformt, poliert und gelötet. Ebenso gefiel es mir, viele Stunden in der Keramik-Abteilung zu verbringen und neben bekannten Keramikerinnen arbeiten und lernen zu können. So erlernte ich Gießformen aus Gips für Porzellanabformungen herzustellen und später dann auch das Töpfern an der Drehscheibe. Diese Vielseitigkeit und die schöpferische Befähigung dazu, haben zu einer unermesslichen persönlichen Bereicherung geführt und dazu beigetragen, mich später in vielen künstlerischen Feldern zu „Hause" zu fühlen. Durch diese Voraussetzungen und Erfahrungen erlangte ich das Rüstzeug für meine künftige berufliche Entwicklung. Sie waren grundlegend für mein weiteres berufliches Leben und meine Arbeit als Gestalter und Künstler.

Unsere kleine Studiengruppe im Innenhof der Unterburg.

Das Studentenleben in Halle und besonders an der Burg, war reich an Eindrücken und interessanten Erlebnissen. Obligatorisch waren zudem die legendären Schiffsausfahrten auf der Saale mit Musik und allerhand Klamauk. Auch wurde auf einem Feld unweit der Schule Fußball gespielt, was selbst unserem verehrten Rektor Funkat viel Freude bereitet hatte. Doch zunächst mussten sich alle, Studenten und Ausbilder, durch eine schmale Barriere durchzwängen, um auf das Schiff zu gelangen. Das klappte zur Freude aller, nicht immer so. Aber nach dem das doch noch geschafft war, konnte man ihnen die Erleichterung anzusehen. Eine Dixieland-Gruppe spielte unentwegt, so dass keine Langeweile aufkommen konnte und alle waren ausgelassen und zufrieden.

Auch gab es für mich die persönliche Annäherung an die musikalischen Traditionen der Händelstadt Halle. Eingeengt in die Traditionen meines Elternhauses, mit landläufigen Opernarien aus Verdis „La Traviata", oder aus "Martha" im Ohr, erlebte ich nun Händel mit Paros oder Radamisto sowie ebenso die Feuerwerksmusik. Diese Musik verschaffte mir einen besonderen Hörgenuss. Die Werke von Händel, Bach, Vivaldi und Monteverdi, waren von nun an ein Teil meines Musikverständnisses und sie beeinflussten mich zunehmend in meinen musikalischen Empfindungen. Ein Prozess der Hinwendung zu Bach und Händel hatte begonnen.

Momentaufnahmen im Burghof   Bei der Schriftgestaltung

Aber nun zurück zum Studium. Ich bekam u.a. Einblicke in die
Kunst anderer Fachbereiche. Im Großen Speicherhaus des Innen-
hofes der Schule wurden unter der Leitung von Prof. Willi Sitte
außergewöhnliche Gobelins gefertigt. Zunächst galt es, auf einem
Karton bildhafte Darstellungen in figürlicher und floraler Inter-
pretation aufzuzeichnen und farbig zu hinterlegen. Danach begann die Übertragung auf den Webstuhl, auf dem mit "Kette und
Schuss", wie es in der Fachsprache heißt, gearbeitet wurde. Eine
Etage darunter befand sich die sogenannte Flachweberei, in der
Stoffe mit unterschiedlichen Strukturen und Mustern gewebt
wurden. Alles waren Unikate, kein Teil glich dem anderen. Die
Studentinnen saßen an großen Webstühlen und bewegten das
sogenannte "Schiffchen", inklusive Garnrolle, zwischen den Fäden der Kettenanordnung. Ein sehr mühsames Unterfangen.

Die Vielseitigkeit der Ausbildung trug dazu bei, zu einer Vertiefung meines eigenen Urteilsvermögens zu gelangen und sie för-
derte die Bandbreite meines persönlichen Handelns.

So erkannte ich, dass die Wesenszüge künstlerischer Entscheidungen dazu bestimmt waren, dass durch sie die Möglichkeiten
im Ausdruck und in der Verinnerlichung geschärft werden. Ein
Urteil über künstlerische Ergebnisse abzugeben, war nun unweit

schwieriger, als zuvor. Mit zunehmendem Einblick in die künstlerischen Prozesse und durch die gewachsenen persönlichen Erfahrungen, konnte sich in mir ein geschultes Urteilsvermögen entwickeln. Das kritische Beobachten der Dinge trat nun in den Vordergrund und wurde zum Maßstab für das kreative Arbeiten, sowohl im Handeln, als auch in der Bewertung von Ergebnissen.

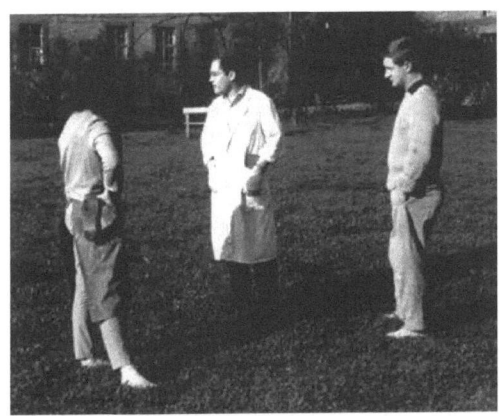
Dieter mit weißem Kittel

Im Zeichensaal

Überraschend für mich war zudem die Nähe der Studenten zum Lehrkörper. In der Mensa trafen wir Prof. Sitte und andere Professoren. Es fühlte sich an, wie eine eingeschworene Gemeinschaft. Das respektvolle Miteinander auf kleinstem Raum an der Burg, war ausschlaggebend für die Intensität der Begegnungen.

Während des Studiums waren Ernteeinsätze im Sommer obligatorisch. Ob in Malchow am See oder an der Mecklenburger Seenplatte, haben wir auf den Feldern Kartoffeln gelesen oder Rüben geerntet. Es war eine ungeübte Tätigkeit, aber allen Anstrengungen zum Trotz, gab es unter uns viel Spaß. Einmal klauten wir ein Boot und ruderten an das andere Ufer. Als wir zurück kamen, standen uns einige Männer des Ortes gegenüber, die uns Schläge androhten. Nur mit Mühe konnten wir sie beruhigen. Die Frau des Bürgermeisters stand hinter uns und schlichtete die Wogen.

Jahr für Jahr wurden diese Ernteeinsätze durchgeführt, meist in Mecklenburg. Das schweißte uns alle zusammen und beförderte Freundschaften unter den Studenten. Einige haben sich dabei näher kennengelernt und sind später auch zusammen geblieben.

Zunächst spielten die Gedanken an die späteren Erfolgsaussichten im Beruf überhaupt keine Rolle, im Gegenteil, wir waren beseelt von den schöpferischen Möglichkeiten und den Herausforderungen, welche wir zu bewältigen hatten. Begleitet von unseren Dozenten und Professoren entstanden viele kreative Ergebnisse in der gestalterischen Arbeit, welche zu intensiver Auseinandersetzung mit der „Formgebung" und der „Schulung des eigenen Gefühls", führten. Hierin sehe ich die wesentlichsten Lerninhalte in einer breit angelegten Kunstvermittlung. Hervorzuheben wäre, dass sich besonders Prof. Zitzmann mit seiner Lehrmethode über die „Grundlagen der visuellen Gestaltung" hervorgetan hat. Seine einfühlsame und pädagogisch klare Art, Dinge zu erklären, vermittelte uns die ganze Spannbreite des schöpferischen Handelns. Hier wurde der Grundstein für eine umfangreiche Vermittlung zum Industriedesigner gelegt. So gesehen, war das Grundstudium die Basis für alle Kunstrichtungen, ob es die Malerei, die Grafik oder die angewandten Techniken, wie Keramik, Metallgestaltung, oder das Design, sind. Dabei spielte das Aktzeichnen für eine körperliche Erfassung eine große Rolle. Mit bewegtem Strich wurden Proportionen des menschlichen Körpers zu Papier gebracht, teils mit Tusche oder mit Bleistift. Unser Aktmodelle, männlich oder weiblich, nahmen vorgegebene Haltungen ein und verweilten darin einige Minuten lang in dieser Pose. In dieser Zeit mussten die mit dem Auge erfassten Formen umgesetzt werden, um dann vor dem prüfenden Auge unseres Professors bestehen zu können. Besonders das Zeichnen mit Tusche hatte seine Tücken, denn Verbesserungen, wie es bei Kohle- oder Bleistiftarbeiten möglich ist, konnten nicht angewendet werden. Der "Strich" musste auf Anhieb sitzen , was zu einer große Herausforderung für uns alle wurde. Aber es war ein Training des Sehens und Erfassens körperlicher Proportionen und ebenso ein Ausprobieren vielerlei Ausdrucksmöglichkeiten.

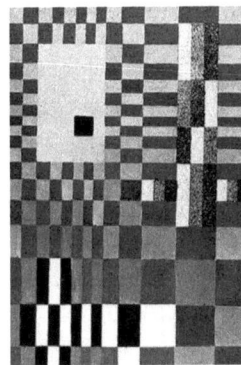

Grafikbeispiele aus dem Grundstudium („Grundlagen visueller Gestaltung").

Um heraus zu finden, wie groß und in welcher Vielzahl beispielsweise ein Raster sein sollte, damit es harmonisch in ein Rechteck eingliedert werden kann, zeigt anschaulich das Verhältnis von Rasterfläche zur Umgebungsgröße. Dies sind Beispiele dafür, nach welchen Gesichtspunkten „Proportionen, Spannungen, Ausgewogenheit sowie Über- und Unterordnungen" gelehrt wurden. Dabei gewannen wir die Fähigkeiten zur proportionalen Einordnung von Rastern und Gliederungen, bezogen auf den jeweiligen Flächenausschnitt. Diese Erkenntnisse wurden zur Grundlage des objektiven Gestaltens und der Zuordnung rasterähnlicher Strukturen im Umfeld. Diese findet man in etlichen Formen ihrer Anwendung, sei es bei Gliederungen, beispielsweise bei Lautsprechern oder Geräte-Frontgestaltungen. Aber auch bei Autos, Radiogeräten und anderen Objekten. Diese Erkenntnisse sind fundamental für das Gestalten von Rasterflächen, besonders auch in der Architektur. Die Gliederungen eines Hochhauses beispielsweise, bestimmen im wesentlichen den Charakter und das Erscheinungsbild eines solchen Baukörpers.

Sommerreise während des Studiums nach Bulgarien

Vor Beginn unseres Fachsemesters reiste eine kleine Gruppe von Studenten nach Bulgarien. Frank und ich, sowie weitere Freunde. Wir hatten uns vorgenommen, mit dem Zug über Budapest, Belgrad nach Sofia zu reisen. Damals gab es ein Studententicket der Bahn, wir mussten erst noch zu den Botschaften der jeweiligen Länder nach Berlin, um Visa zu besorgen und los ging es. Im historischen Bahnhof in Budapest angekommen, erlebten wir die ersten "Schreckmomente". Als wir uns etwas zu Essen holen wollten, war plötzlich unser Zug mit unserem Gepäck nicht mehr zu sehen. Was sollten wir nun tun? Der Schreck saß tief, wir konnten uns ja nicht verständigen. Lautes Pfeifen durchdrang die Bahnhofshalle, wir waren wie gelähmt. Nach einiger Zeit heller Aufregung wurde ein Zug auf einem anderen Bahnsteig hineingeschoben und wir erkannten sofort, dass es unser Zug war. Wir atmeten auf und konnten so unsere Reise fortsetzen. Vorbei an Flüssen, Felshängen und wunderbaren Landschaften, bis wir endlich in Sofia gelandet waren. Ein Quartier war leicht zu finden und so erlebten wir einen ausgelassenen Abend in einem Gasthof der Altstadt. Dabei wurden wir Zeuge eines turbulenten Treibens, mit Gesang und wunderbarem Essen, mit Kindern, welche noch nach 22 Uhr herumtollten, ein Leben voller Fröhlichkeit und Geselligkeit. Unbeschreiblich, diese vergnügten Menschen zu erleben. Sofia erschloss sich uns von verschiedenen Seiten. Zum einen die alte römische Bäderkultur mit den vergangenen Klinkersteinthermen und zum anderen die Verehrungskultur für den Nationalhelden Dimitrov, welcher dem Naziregime Deutschlands Paroli geboten hatte. Unweit von Sofia gibt es eine Kapelle aus der Zeit der türkischen Besetzung durch die Osmanen mit einzigartigen Wandmalereien. In Bojana sind diese alten Wandgemälde zu sehen und dorthin führte uns der Weg zu diesem Kleinod. Ein Wallfahrtsort besonders für Gläubige aber auch für Touristen. Betritt man diese herrliche Kapelle, ist man sofort gefangen von der besonderen Atmosphäre dieses Ortes, von den einmaligen Fresken und der Schönheit der Wandmalereien sowie von den reichen ikonografischen Kunstwerke. Ein Schatz aus dem Mittelalter. Die orthodoxe Kirche wurde aufgrund seiner einmaligen Fresken in die Liste des Weltkulturerbes der UNESCO aufgenommen und genießt seit langem die Aufmerksamkeit vieler Besucher.

Kloster Bojana unweit von Sofia mit vielen Fresken und Wandmalereien

Aber unser Ziel war es, zum Rilagebirge zu kommen, um dort eine Woche von Hütte zu Hütte zu wandern. Wir fuhren mit dem Bus zu einem Ort, namens Samokow, am Fuße des dreitausend Meter hohen Gebirges, dem "Basiscamp" für unseren Aufstieg. Hier erlebten wir die ganze Ursprünglichkeit des ländlichen Lebens in Bulgarien. In einer Moschee führte man uns sogar auf den Turm des Muezzins, mit einem einzigartigen Ausblick auf die kleinen Häuser des Dorfes. Dann ging es weiter zu Fuß und mit Rucksack voller Essen und Getränke. Ein steiniger Weg nach oben, durch unberührte Landschaft, vorbei an Ziegen und Schafe, bis hin zu einer Übernachtungshütte mit einem Strohlager und röchelnden Gästen. Wir waren einfach nur zu k.o., um noch einen klaren Gedanken fassen zu können. Die Müdigkeit hatte uns eingeholt, ein jeder verbrachte die erste Nacht im Gebirge so gut er konnte. Am nächsten Morgen sah alles schon wieder ganz anders aus. Ein klarer Himmel, die gute Luft am frühen Tag und ein spärliches Frühstück; von nun an waren sie unsere täglichen Begleiter. Über Stock und Stein ging es weiter nach oben, bis wir das berühmte Rila-Kloster erreichten. Das von Mönchen verwaltete Anwesen mit den ausufernden Gebäudekomplexen sowie der einzigartigen Basilika im Zentrum der Anlage, verbirgt Sehenswürdigkeiten, deren wir zuvor nicht bewusst waren. Aber zunächst meldeten wir uns für eine Übernachtung an. Ein Mönch wies jedem von uns eine Matratze zu, in einem großen Saal, indem mehr als 100 Personen übernachteten. Viele Männlein und Weiblein kamen gar nicht mehr von ihrem Nachtlager hoch und verbrachten die Zeit gemeinsam unter einer Decke. Uns sollte das egal sein, wir waren ohnehin zu müde, um an einen frivolen Abend zu denken. Am kommenden Tag ging es ohne zu waschen hinaus ins Freie und dabei konnten wir seltsame Dinge erleben. In der Basilika zelebrierte ein Pope liturgische Abhandlungen mit Gesten sowie dem ständigen Küssen der Reliquien. Und das über Stunden hinweg. Ältere Frauen und Männer brachten ihren Speichel in die Nähe der Ikonentafeln, welche sich im Zentrum der Basilika befanden. Zu unserer Verwunderung steckten Gläubige Wunschzettel in die Taschen des Popen, um sich von ihren Sünden befreien lassen zu können. Zum Schluss der Andacht nahm der Geistliche die Zettel aus seinem Umhang und versenkte diese in einem Papierkorb. Meine ganze "Bewunderung" war dahin und mein Glaube daran ebenso. Es konnte ja nicht sein, was ohnehin nicht erfüllbar wäre, dachte ich. So werden die gläubigen Menschen von den Priestern hinters Licht geführt. Doch viele glauben daran und haben die Hoffnung, dass ihre Wünsche in Erfüllung gehen.

Die Basilika des Klosters

Rila-Kloster

Nun sollte es auf den hohen Dreitausender, dem "Pik Stalin", gehen. Ein mörderischer Aufstieg, der bereits um 4 Uhr früh begann. Über Geröll und Steine führte ein Trampelpfad zum Gipfel.

Vor einer Hütte sitzend, erlebten wir einzigartige Aussichten über das ganze Bergmassiv, sahen auf Gebirgsseen herab und genossen die Ruhe in luftiger Höhe. Wir hatten es geschafft und konnten ein wenig verweilen. Ein überwältigendes Gefühl. Aber der Abstieg zwang uns zur Eile, am Abend mussten wir bei der nächsten Hütte sein. Und so wanderten wir vom Gipfel herunter, sahen

Gämsen in der Felswand, kamen an Seen und kleinen Kiefern vorbei und gelangten so nach einem Tag Wandern und Klettern zur nächsten Unterkunft. Da wir zuvor unsere Essensrationen aufgeteilt hatten, konnten wir uns nur mit dem Nötigsten versorgen. Unser nächstes Ziel waren die sieben Gebirgsseen, welche sich unter einander befanden. Hier trafen wir wieder auf Menschen, welche uns vor Bären warnten. Zur Vorsicht bewaffneten wir uns mit Stöcken, wohl wissend, dass diese nicht helfen würden. Aber es ging gut, wir wurden nicht bemerkt, oder angegriffen, so dass wir am Abend in der Hütte am untersten See eintrafen. Nun begann eine Zeit der Entspannung von den Strapazen der letzten Tage. Zwei bulgarische Männer, im Schaukelstuhl sitzend, begannen wild gestikulierend eine Zeitung hin und her zu blättern und meinten, die Deutschen wären doch verrückt, eine Mauer zu bauen. Das war der 13. August 1961. Wir begriffen nichts und konnten uns auch nicht vorstellen, was da passiert war. Abgeschnitten von allem, die Zeit in der Wildnis verbringend, und dann diese Nachricht. Nein, das konnten wir nicht glauben. Hatte doch zuvor Walter Ulbricht noch verkündet, dass keine Mauer gebaut werden würde. Und nun das. Oben im Gebirge hatten wir keinen Kontakt zur Heimat und wussten nicht, was passiert worden war. Eine gewisse Unruhe machte sich breit und wir fragten uns, wie es nun weiter gehen sollte. So kehrten wir nach Sofia zurück und bestiegen wieder den Zug nach Hause. Dieser hielt in Belgrad und gegenüber stand ein Zug nach Stuttgart. Was sollten wir nun machen ? Drüben einsteigen oder verharren, um einer unsicheren Zukunft entgegen zu gehen ? Eine nahezu unlösbare und einschneidende Entscheidung musste in wenigen Minuten gefällt werden. Und dann fuhr der Zug wieder weiter, die Chance war verpasst und wir alle vier waren in diesem Moment unfähig, uns anders zu entscheiden. Denn auf uns warteten Familienangehörige, Freunde, das Studium und andere Verpflichtungen. Wir waren unfähig, in so wenigen Minuten eine andere Entscheidung zu treffen. Während der Heimfahrt und auch danach, durchlebten wir immer wieder die Minuten der Entscheidung, die ganze Tragweite unseres "Versagens" und unserer "Unentschlossenheit". Aber es tröstete uns auch, unseren Eltern und allen, die an uns glaubten, treu geblieben zu sein. Außerdem befanden wir uns in einem bedeutenden Studium an der renommierten Kunsthochschule, der Burg Giebichenstein. Das allein zählte damals und so kehrten wir nach 5 Wochen des Aufenthaltes in Bulgarien und Ungarn wieder zurück an die Schule und setzten unser Studium mit vielen Erlebnissen und Erinnerungen weiter fort. Aber nun mussten wir erleben, dass sich durch den Bau der Mauer das Leben für die Menschen in der DDR einschneidend geändert hatte. Eine große Besorgnis für die eigene Existenz, welche nun in Unfreiheit und Drangsalierung weiter existieren musste. Einen Ausweg gab es zunächst nicht. Wir wurden förmlich überrollt von den Ereignissen des 13. August 1961.

Beginn des fachgebundenen Design-Studiums

Mit Beginn des eigentlichen Designstudiums absolvierte unsere kleine Studiengruppe ein Praktikum im Eisenacher Automobilwerk. Dabei bekamen wir Einblicke in die Entwicklung des neuen Fahrzeuges, dem Wartburg 353. Hier wurde ein Konzept verfolgt, welches den Komfort und die eigenen Reparaturmöglichkeiten verbessern sollte. Diese Erkenntnisse über die Entwicklungsprozesse bei Industriegütern und Fahrzeugen waren für uns wichtige Bausteine für die persönlichen Erfahrungen. Im Mittelpunkt des Interesses stand jedoch die Funktion des Fahrzeuges, aber auch sein äußeres Erscheinungsbild. Wir wurden Zeuge der Vorgänge um die Entstehung ein neues Fahrzeuges, angefangen vom Entwurf, über Modelle, bis hin zu maßstäblichen Zeichnungen in Originalgröße. Mein Interesse galt insbesondere dem Entwicklungsprozess, beginnend mit Skizzen und plastischen Studien. Danach mit Darstellungen und großformatigen Zeichnungen. Nach diesem Praktikum ging es in Halle gleich an die praktische Arbeit und so bekamen wir Aufgaben zugeteilt, welche sich ausschließlich mit dem Design verschiedener Fahrzeuge befassten.

Entwurfszeichnung von Fleischer - Entwicklung PKW - Darstellung mit Bleistift auf Papier. Dazu wurden viele Fassungen für die Karosseriegestaltung erarbeitet und entsprechende Modelle im verkleinerten Maßstab angefertigt /1961)

So war uns die Aufgabe gestellt, ein Lastenfahrzeug, mit dem Namen "Multicar", zu gestalten und dazu entsprechende Modelle aus Gips herzustellen. Mit Skizzen und Maßzeichnungen wurden die ersten Ideen zu Papier gebracht und sie mündeten in der Anfertigung von dreidimensionalen Objekten. Hier begann die eigentliche Gestaltungsarbeit an einer konkreten Aufgabe.

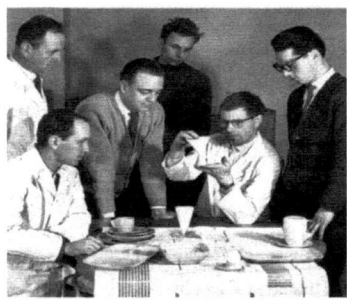 

Designerteam um Albert Krause, Betreuer für Design. Unsere Studiengruppe.

Ein Team aus Gestaltern der Kunsthochschule Berlin Weißensee und Absolventen von Halle, erarbeitete gemeinsam Gestaltungsaufgaben aus dem Bereich der Kunststoffindustrie, aber sie lehrten zugleich auch als Betreuer und Ausbilder an der Hochschule. Später gründeten sie das sogenannte „Amt für industrielle Formgestaltung" in Berlin, dessen Leiter, Martin Kelm, zum Staatssekretär für Gestaltung, berufen wurde. Damit wurde der Grundstein für eine spätere Knebelung und administrativen Bevormundung der freiberuflichen Designer gelegt. Ein Vorgang einseitigen Handelns bei der Entwicklung des Designs in der DDR.

Mein Studium neigte sich 1964 dem Ende zu. Aus verschiedenen Themen konnte ich die Aufgabe zur Gestaltung einer "Elektromechanischen Büroschreibmaschine" auswählen. Die in Erfurt hergestellte Optima Büroschreibmaschine sollte ein neues äußeren Erscheinungsbild erhalten. Auf der Grundlage eines vorhandenen Funktions-Chassis war dies nur schwer möglich und so konnte ein weiter Entwurf diesen Mangel an Kreativität ausgleichen.

Büroschreibmaschine mit Re-Design   Modernere Variante- Studie

Eine nicht unwesentliche Bedeutung hatte für mich meine gewonnenen Einblicke über die Arbeiten am Bauhaus in Weimar und Dessau. Nachdem diese einmalige Ausbildungs- und Wirkungsstätte im Jahre 1925 wegen des aufkommenden Nazismus Weimar verlassen musste, hatte sich die Stadt Dessau bereit erklärt, den Mitarbeitern der Einrichtung eine neue Arbeits- und Heimstätte zu geben. Aus aller Welt siedelten sich nun Künstler an, welche mit ihrem Können einmalige Impulse für das moderne Gestalten verschiedener Ebenen künstlerischer Aktivitäten gaben. Damit wurde der Grundstein für das sachliche Vereinfachen des Inhaltes und der Formen sowie für eine formale Reduzierung auf das Wesentliche gelegt. Das von dem Architekten Walter Gropius später geleitete Institut mit seinem unverwechselbaren Hauptgebäude und den berühmten Meisterhäusern, vereinte die fortschrittlichsten Kräfte der modernen Architektur und der Gestaltung industriell hergestellter Erzeugnisse, wie die Gefäßentwicklungen von Marianne Brandt, die Stahlrohrstühle von Marcel Breuer und die Lampen von Christian Dell. Aber auch die Künstlergruppe, die „Blauen Vier", Lyonel Feininger, Wassily Kandinsky, Paul Klee und Alexej Jawlensky sowie auch Oskar Schlemmer und viele andere, bereicherten durch ihr schöpferisches Tun den Gedanken an eine Sachlichkeit im Ausdruck sowie an die Gestaltung und Eigenständigkeit von Form und Funktion. Wenn man sich vor Augen führt, was hier in so kurzer Zeit, in 25 Jahren, alles vollbracht werden konnte und damit Maßstäbe für spätere Generationen gesetzt wurden, so kann man die Einmaligkeit und den Lebensmut dieser großartigen Künstler, Architekten und Designer nur bewundern. Hiermit ging eine Gestaltungskonzeption um die Welt, welche bis zum heutigen Tage als das "Bauhausprinzip" beispielgebend ist. Die Firmen "Thonet" und "Vitra" wären ohne das Bauhausdesign nahezu unbedeutend geblieben. Sie alle profitieren noch heute vom Bauhausgedanken. Viele dieser Originalprodukte werden in diesen Firmen bis zum heutigen Tag hergestellt und sie erfreuen sich nach wie vor der großen Beliebtheit. Heutige Generationen profitieren von den Bauhausschöpfungen.

Das Meisterhaus von Walter Gropius (rekonstruiert und saniert)

Aber mit dem herannahenden Faschismus wurde diese einmalige Institution aufgelöst und viele Künstler gingen ins Ausland. Mies van der Rohe versuchte noch, das Bauhaus zu verlagern, aber scheiterte am Widerstand der Nazis. So ging eine bedeutsame Epoche der Kunstausübung zu Ende. Lange Zeit erlebten die Gebäude des Bauhauses eine andere Nutzung, beispielsweise zog eine Berufsschule ein und andere Einrichtungen besetzten weitere Räume. Die Gebäude wurden 1965 bis 1976 teilweise und zwischen 1996 und 2006 vollständig restauriert. Das Bauhaus erlangte damit den Titel : UNESCO Welterbestätte Bauhaus.

Dieses Ensemble der modernen Baukunst, mit den Meisterhäusern und dem bedeutenden Hauptgebäude, beherbergt heute verschiedene Ausstellungssammlungen des Designs und weitere Einrichtungen der angewandten und bildenden Kunst. Darüber hinaus werden in einem umfangreichen Museumsshop Bauhausmöbel und andere Dinge mit hervorragender Gestaltung sowie Kataloge, Bücher und Werbematerialien angeboten. Auch befindet sich im Hauptgebäude eine Cafeteria im Traditionsstil.

Das Hauptgebäude des Bauhauses. Die erste durchgehende Glasfassade.

 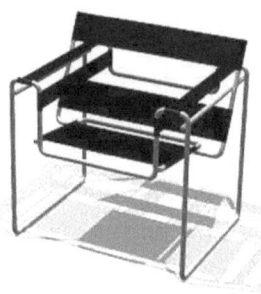 

Walter Gropius   Sessel Marcel Breuer   Teekanne M. Brandt

Bilder von Leonel Feininger   Paul Klee

Die Bauhausgrößen um Walter Gropius (4. von links) sowie Marcel Breuer, Wassily Kandinsky, Paul Klee, Leonel Feininger und Oskar Schlemmer u.a.

Hallenser Bild von Feininger, Portrait von Paul Klee und Oskar Schlemmer

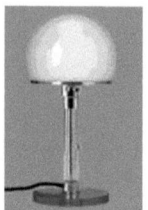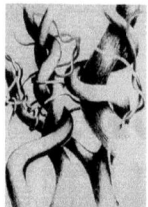

Wilhelm Wagenfeld, Wagenfeldleuchte, Bildgestaltung, Oskar Schlemmer

Meine Auseinandersetzung mit der Kunst und der Gestaltung brachte es mit sich, dass ich mich für das kulturelle Spektrum im Umfeld der Burg Giebichenstein interessiert hatte. Das Hallenser Opernhaus beispielsweise, hat sich dem Händelschen Erbe verschrieben und die Bühne am Steintor begeisterte mit bedeutenden Aufführungen internationaler Interpreten. So gastierten namhafte Ensemble, wie das venezianische Kammerorchester mit Vivaldi, oder die Jazzinterpreten Doldinger und die Sängerin Wanda Warska. Auch die Dreigroschenoper von Brecht, mit Wolff Kaiser als Mekki Messer sowie Helene Weigel, wurden unter großem Beifall aufgeführt. Es waren besondere Aufführungen, welche Anlass für meine Hinwendung zu alter und neuer Musik gaben. Die beeindruckenden Händelopern mit den berühmten Arien aus der Oper Radamisto, sind bis heute unvergessen.

Händeldenkmal, Dom zu Halle und Marktkirche

Jährlich gibt es in Halle ein Händel-Festival und dieses Fest zieht weltweit begeisterte Verehrer dieser Musik an. Dabei werden viele seiner Opern aufgeführt, aber es gibt auch Konzerte im Freien. Diese sind besondere Ereignisse in der Händelstadt.

Kunsthistorisches Museum mit Himmelsscheibe und Salinenanlage in Halle

Halle ist ein Knotenpunkt im mitteldeutschen Landstrich und beherbergt viele Hochschulen und Universitäten, unzählige Kultureinrichtungen sowie Museen, Galerien und historische Gebäude. Beindruckend sind der Dom, die Marktkirche und das Kunsthistorische Museum. Halle liegt an der Saale, welche sich von Bayern über Thüringen und Sachsen-Anhalt bewegt. Auf einer Länge von 413 Kilometern ist sie der zweitlängste Nebenfluss der Elbe. Die größten Städte an der Saale sind mit 240.000 Einwohnern die Stadt Halle, aber auch Jena mit 110 Tausend und Hof mit 50.000 Einwohnern. Im weiteren Verlauf fließt die Saale an historischen Burganlagen, wie Naumburg, Bernburg und Schönburg vorbei und erschließt auch im Bereich Saale-Unstrut ein sehr bekanntes Weinbaugebiet. Durch die vielen Hochschulen und Universitäten in Halle wurde diese Stadt zu einem Kulturzentrum der Region.

alte Ansichten

Meine erste Anstellung als Designer

Nach meinem Abschluss bekam ich ein Angebot von einem profilierten Designbüro der Datenverarbeitungsindustrie in Karl-Marx-Stadt (Chemnitz) unter der Leitung des Architekten Klaus Kaufmann. Es reizte mich, anspruchsvolle Aufgaben übernehmen zu können und entschied mich für diese Stelle. Mein Vorstellungsgespräch verlief recht zufriedenstellend und so beschloss ich, nach Chemnitz zu gehen, um für die Datenverarbeitungs-und Büromaschinenindustrie zu arbeiten. 1964 trat ich dort meinen Shop als Gestalter an, bemerkte aber recht bald, dass ich hier total diszipliniert werden würde. Pünktlich 7 Uhr war Arbeitsbeginn, der Pförtner führte eine Anwesenheitsliste und auf Klingelzeichen mussten Pausen eingehalten werden. Eine viertel Stunde früh und mittags eine halbe. Ein Alptraum für jeden schöpferischen Menschen. Da sich diese Einrichtung außerdem noch als ein „Wissenschaftliches Entwicklungszentrum" verstand, war es umso verwunderlicher, dass hier mit solchen einengenden Maßnahmen gearbeitet wurde und mir ist bei Zeiten klar geworden, dass diese Gängelung für mich keine Zukunft haben würde. Aber vielleicht könnte man sich daran gewöhnen, dachte ich zunächst. Doch die Realität sah anders aus. Überstunden waren Willkommen, aber zu spät erscheinen, war nicht möglich, ohne dass mindestens eine Verwarnung oder ein Verweis ausgesprochen wurde. Im schlimmsten Fall erhielt man durch den Direktor eine Ermahnung. Diese Atmosphäre empfand ich als unangemessen und absolut destruktiv. Aber zunächst gab es kein Entrinnen und so versuchte ich, den Anforderungen einigermaßen gerecht zu werden. So übernahm ich die Gestaltung von Büromaschinen, insbesondere die Bearbeitung eines elektronischen Tischrechners, gestaltete Drucker und diverse Kleinschreibmaschinen. Damit war ich ausgelastet und so konnte ich darüber hinaus Erfahrungen und Kompetenzen in vielen Bereichen erwerben.

Stadtbad im Bauhausstiel, Industrieanlage, Eschevilla und Kaufhaus Schocken

Ein Jahr bewohnte ich ein kleines Zimmer, mit einem Bett, einem Stuhl und einem Tisch, ohne Wasser- und Toilettenanschluss. Diese befanden sich eine Treppe tiefer. Dadurch kehrte ich nicht allzu gern in mein Quartier zurück und zog es vor, so lange wie möglich in meiner Arbeitsstelle zu verweilen. Zu tun gab es genügend. Modelle und Zeichnungen mussten angefertigt werden, ebenso Dokumentationen und Fotonachweise. Ehrgeizig verfolgte ich meine Ziele, den Büromaschinen eine harmonische und formschöne Gestalt zu geben. Inhalt und Form sollten überein stimmen, so war es das Credo für meine Herangehensweise. Die Menschen sollten Freude am Benutzen der Produkte haben und diese auch Wert schätzen. Nur durch eine Symbiose zwischen Funktion und Form können erfolgreiche Güter mit guten Gebrauchseigenschaften und einer langlebigen Benutzbarkeit entstehen und so für die Verbraucher besonders attraktiv sein.

Nach einem Jahr hatte ich das Glück, eine größere Wohnung in der 8. Etage eines Neubaublockes im Centrum der Stadt zu beziehen, wodurch ein neuer Lebensabschnitt für mich und meine Familie begann. Das behelfsmäßige Leben hatte damit ein Ende, was zu einer geregelte Situation führte. Von nun an konnten wir planen und neue Möglichkeiten und Ziele ausgelotet. Nun sollte es ein Auto sein, kein Neues, denn darauf musste man mindestens 10 Jahre warten. Nein, ein Gebrauchtes wäre gerade Recht. Aber das war alles andere als einfach. Eine staatliche Sammelstelle für Gebrauchtwagen bestimmte aufgrund einer Warteliste darüber, wer ein solches Fahrzeug zu bekommen hatte. Alles wurde reglementiert, zugeteilt und verordnet. Wer da keine guten Kontakte besaß, hatte schon verloren. Doch es gab eine Möglichkeit, ein gebrauchtes Fahrzeug zu ergattern, indem man eine obligatorische Schätzstelle aufsuchte, um mit vielen guten Worten und einer freiwilligen Geldzahlung die Empfehlung für den Erwerb eines uralten Autos zu bekommen. Dieser Vorgang wiederholte sich Woche für Woche, ein halbes Jahr lang, bis endlich ein alter Wagen auf dem Hof stand. Aber nun begann erst recht die knifflige Arbeit an diesem Fahrzeug. Bodenbleche mussten nachgebessert, oder ausgetauscht werden, auch die Batterie und die Kotflügel waren zu erneuern. Kurzum, es gab viel zu tun und ich war einige Wochen damit beschäftigt, das alles zu bewerkstelligen. Ersatzteile waren zuteilungspflichtig, oder mussten über unsichtbare Kanäle besorgt werden. Es war ein ewiger Kampf um das Nötigste. Improvisation konnte zu einer quälenden Angelegenheit werden, so dass die ganze Aufmerksamkeit auf scheinbar unwesentliche Vorgänge gerichtet war. Das Funktionieren im Alltag wurde zu einer Existenzfrage, ebenso die Bewährung im Beruf. Ein ständiger Kampf um das tägliche Leben im Alltag.

Eigene Reparaturen und Reifenwechsel am PKW Wartburg 353 Kombi.

Das Dröhnen des 2-Takt Motors und die übel riechenden Abgase störten da nur wenig. Die Luft in der Stadt war ohnehin vom Verbrennen der Braunkohle getrübt und belastet. Die vielen Neubaublöcke wurden ferngeheizt, wodurch mehrere Heizkraftwerke benötigt wurden. Drei Güterzüge mit Braunkohle passierten täglich die Zufahrt zu den Brennöfen. Damit sollte die Energie- und Wärmeversorgung für Jahre sichergestellt werden.

Aber da die Beweglichkeit im Vordergrund stand, konnte man darauf keine Rücksicht nehmen. Die Werkstätten hatten ohnehin voll zu tun, einen Termin bekam man erst nach Wochen. Also musste man sich selber helfen und kleinere Reparaturen durchführen. Aber das Leben ging trotz aller Widrigkeiten weiter, dennoch konnte man sich mit diesen Einschränkungen nicht abfinden. Das Beste aus der Situation zu machen, war überlebenswichtig für die Menschen dieses Landes. So lebten die meisten in dieser Republik, da es für sie kein Entrinnen gab. Immer wiederkehrende Verhaltensmuster führten im Laufe der Zeit zur Resignation oder andererseits zum Erfindungsreichtum. Nischen im System überwandten die Menschen besser mit improvisierenden Charaktereigenschaften. Engpässe und Überflüsse lagen dicht beieinander. Die Gesellschaft war gespalten, nach außen hin waren die Menschen gleichgeschaltet, versäumten keine Wahl und warfen den Wahlzettel mit "ja" in die Urne, aber in persönlichen Gesprächen konnte man die ganze Meinungsvielfalt und den ganzen Unmut vernehmen. Hier machten sich viele Menschen Luft und schimpften über die unzureichende Versorgung und auf die Genossen "da oben". Aber das alles half nichts, das Leben ging so weiter, ohne dass sich etwas geändert hätte.

Nach einiger Zeit verließen wir die Neubauwohnung und suchten uns eine größere Altbauetage. Diese musste ausgebaut werden, wobei es immer wieder zu Schwierigkeiten bei der Materialbeschaffung kam. Ungeahnte Hindernisse waren zu überwinden und nicht nur einmal stockte der weitere Ausbau. Ohne persönlichem Einsatz war nichts zu erreichen und das betraf viele Menschen ebenso. Aber es gab kein entrinnen, wir mussten durchhalten und das Beste daraus machen. Wohnraum lag in den Händen der staatlichen Ämter und sie versäumten die fällige Instandhaltung der Immobilien. So wurde alles herunter gewirtschaftet, da sich niemand fand, der die Bausubstanz erhält. Selten gab es Eigentum und so fühlte sich niemand verantwortlich dafür.

Im ältesten Stadtgebiet der Stadt mussten Wohnräume ausgebaut werden.

Meine Anstellung in dem "Wissenschaftlichen Zentrum" neigte sich dem Ende zu. Dienstreisen zu Firmen waren mit quälenden Bahnfahrten verbunden. Einen halben Tag brauchte ich allein, um zum Einsatzort nach Sömmerda in Thüringen zu gelangen. Hier arbeitete ich mit Ingenieuren zusammen an Entwicklungen von elektronischen Geräten für die Datenverarbeitung. So fuhr ich Woche für Woche die gleiche Strecke, da jede Änderung am Entwurf mit mir abgesprochen werden musste. Dabei entstand ein Modell, welches als Vorlage für die Anfertigung von Formwerkzeugen diente und alle Erwartungen an eine gelungene Entwicklung erfüllen sollte. Und so konnte ich nacheinander verschiedene Designaufgaben bearbeiten. Das verhalf mir zu mehr Selbstsicherheit bei der Erfüllung unterschiedlicher Projekte. Durch den Weggang unseres Atelierleiters verspürte ich eine Veränderung in der Kollegialität innerhalb des Teams, was zu einer zunehmenden Entfremdung im Umgang miteinander führte. Nach zwei Jahren intensiver Arbeit in diesem Büro, kündigte ich dann meine Anstellung und bereitete mich auf die freiberufliche Tätigkeit vor. Nun atmete ich erst einmal auf, kein Termin, keine Gängelung, keine Disziplinierung, das war ein befreiendes Gefühl. Mit Schwung in die Freiheit und auf mich selbst zu besinnen, beflügelte mich ungemein. Sofort begann ich mich um Aufträge zu bemühen, um in meinem Beruf als freier Designer bestehen zu können. Die Mitgliedschaft im Verband Bildender Künstler verhalf mir dabei, diese Form der freiberuflichen Tätigkeit ausüben zu können. Deshalb war es mir möglich, ungehindert für viele Firmen zu arbeiten und Arbeitsverträge für bestimmte Projekte abzuschließen. Zunächst habe ich Zeichnungen und Modelle am Küchentisch ausgeführt, bis ich später ein kleines Atelier mieten konnte. Hier begann eine neue Etappe für mich, mit zunehmenden Herausforderungen und erfolgversprechenden Entwicklungen. Dies beflügelte mich und verhalf mir zu neuem Elan bei der Erfüllung anstehender Designaufgaben. Meine Begeisterung kannte keine Grenzen. Projekt für Projekt konnte ich mit großer Begeisterung bearbeitet. So auch Objekte für den öffentlichen Raum und als Architekt für verschiedene Raumgestaltungen.

Neben Produktdesign gab es künstlerische Aufgaben - Wasserbrunnen 1973

So entstand dieser acht Meter große Wasserbrunnen für das Klinikum Chemnitz, der seit 1973 ununterbrochen in Betrieb ist und von einer Interessengemeinschaft gehegt und gepflegt wird. Die Idee dazu entsprang aus der Erkenntnis, dass Personen, insbesondere auch Kinder, sich diesem Wasserspiel nähern sollten, ohne Gefahr zu laufen, unterzutauchen. Besonders im Sommer bietet dieses Wasserspiel Abkühlung und Erfrischung. Ein weiteres Objekt entstand im Rahmen eines Wettbewerbes für Spielsysteme im Freien. Gemeinsam mit zwei Kollegen entstanden diese Bausteinelemente aus glasfaserverstärktem Kunststoff. Je nach Bedarf und Anwendung, lassen sich die unterschiedlichen Spielelemente zusammenfügen. Besonders in Kindergärten, wie auch in öffentlichen Anlagen, wurden diese aufgestellt und sie boten Kindern vielfältige Spielmöglichkeiten. Dadurch, dass die Elemente in verschiedenen Farben ausgeführt und in unterschiedlicher Weise angeordnet werden können, entstehen vielfältige Systemanordnungen und Objektgruppierungen.

Kinderspielsysteme Glasfaserkunststoff (gestaltet mit Roland Löffler)

Für das Stadtgestaltungsprogramm der Stadt Chemnitz wurden darüber hinaus Kunststoffmöbel entwickelt. Auch hier war es das Ziel, Formen zu entwerfen, welche dem Zeitgeschmack entsprechen und sie sich durch ihren Sitzkomfort auszeichnen sollten. Aber zunächst mussten naturgetreue Formen entwickelt und hergestellt werden, um diese dann abformen zu können.

Herstellung der präzisen Urform für die Abformung eines Kunststoffsessels.

101

Ausstellung der Sitzmöbel aus GfK in Berlin "Unter den Linden"

Auf einer Ausstellung in Berlin fand das Programm sehr viel Zuspruch, doch leider haben es die Verantwortlichen abgelehnt, dieses in Serie gehen zu lassen. Ebenso wurde ein möglicher Export, oder die Weitergabe der Urheberrechte, verhindert. Eine weitere Entwicklung betraf ein Kanister-Programm aus Kunststoff, welches sehr erfolgreich in einer Thüringer Firma hergestellt wurde. Dafür erhielten dieses System 1990 den Preis für ein langlebiges Produkt durch den Freistaat Bayern. Hier wurden in besonderer Weise das Wirken von Designern, aber auch die konsequente und erfolgreiche Umsetzung im Betrieb, gewürdigt. Da es keine Urheberbenennung gab, blieb der Urheber unbekannt.

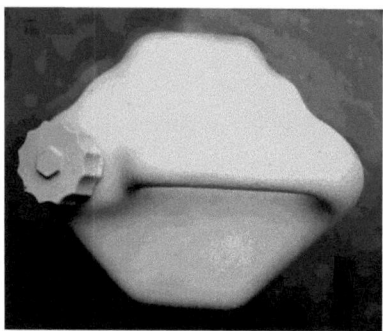

Modellfotos vom 25 Liter Kanister - Modell in Handarbeit ausgeführt.

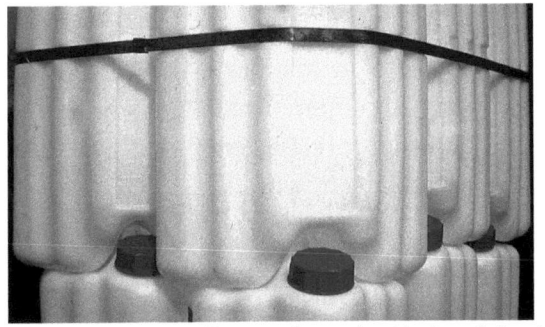

Serienmuster-im selbstarretierenden Verbund durch ein Metallband gesichert

Die wellenförmige Ausbildung der äußeren Flächen des Kanisters bringt Stabilität und Versteifung für den Behälter. Ein Spannseil verbindet die einzelnen Kanister zu einer Transporteinheit. Auch wurde der empfindliche Einlassverschluss durch eine Vertiefung in der Unterfläche geschützt. Diese funktionellen Details zu beachten und dafür Vorschläge zu entwickeln, war Aufgabe des Designs. Gute Lösungen zeichnen sich später im Gebrauch aus.

Mein erstes Designobjekt - der elektronische Tischrechner ETR von 1965

Bodenstaubsauger von 1972   Motorrad MZ 150 von 1982

Durch die Fülle an Aufgaben und dem Wunsch nach Auseinandersetzung über das Design, reifte in mir die Erkenntnis, mich mit mehreren Designkollegen zu einem Team zusammen zu schließen. So kam es, dass sich mehrere Designer zu einer kollegialen Zusammenarbeit bereit erklärten, worauf es zur Gründung des "Atelier für Gestaltung" kam. Von nun an hatten wir die Kapazität, anstehende Aufgaben zu lösen und das trug zum Gelingen unserer Teamarbeit bei. So arbeiten wir für viele Unternehmen des Maschinenbaus, der Elektrotechnik, des Fahrzeugbaus und der Rundfunkindustrie. Mit unseren Vertragspartnern kamen wir zu verbindlichen Absprachen, auf deren Grundlage wir mit ihnen zusammenarbeiten konnten. Es war ein Geben und Nehmen auf gleichberechtigter Basis und damit reifte unser Team zu einem sehr erfolgreichen Designatelier heran. Die Mitglieder unseres Ateliers besaßen alle das Designdiplom und waren prädestiniert für die umfangreichen Aufgaben aus nahezu allen Bereichen der industriellen Produktion. Besonders in den Bereichen Elektrohaushaltgeräte und Rundfunktechnik konnten wir maßgebliche Entwicklungen durchführen, unter anderem wurde hier das bekannte Handrührgerät RG 28, aber auch der Halogen-Strahler HS 100 entwickelt. Zwei Ergebnisse, die wesentlich dazu beitrugen, moderne Produkte verwirklichen zu können.

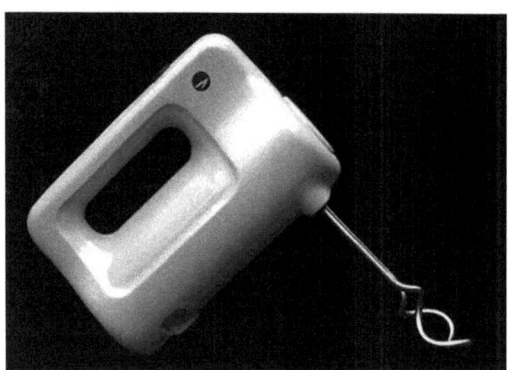

Handrührgerät RG 30 Nachfolgemuster   Halogen-Strahler

Erschwerend in diesem Zusammenhang waren unter anderem Einschränkungen in der Reisetätigkeit zu Betrieben im Grenzbereich. So arbeitete ich sehr intensiv mit einem Großbetrieb der Rundfunkindustrie zusammen, welcher nur mit einer Ausnahmegenehmigung durch die Polizeibehörden erreichbar war. Für dringende Absprachen in der Firma mussten Sonderanträge gestellt werden, um nach ein bis zwei Wochen eine Genehmigung für das Betreten der 5 Kilometer Zone zu erhalten. An einer Grenzsperre wurde kontrolliert und danach konnte ich in das Sperrgebiet hineinfahren. Das erschwerte jegliche Zusammenarbeit und trug dazu bei, nur selten den Termin wahrnehmen zu können. Dennoch, trotz dieser Einschränkungen und Hindernisse, konnten erfolgreiche Produkte entwickelt und realisiert werden. Leider wurde diese Firma später durch die Treuhand liquidiert.

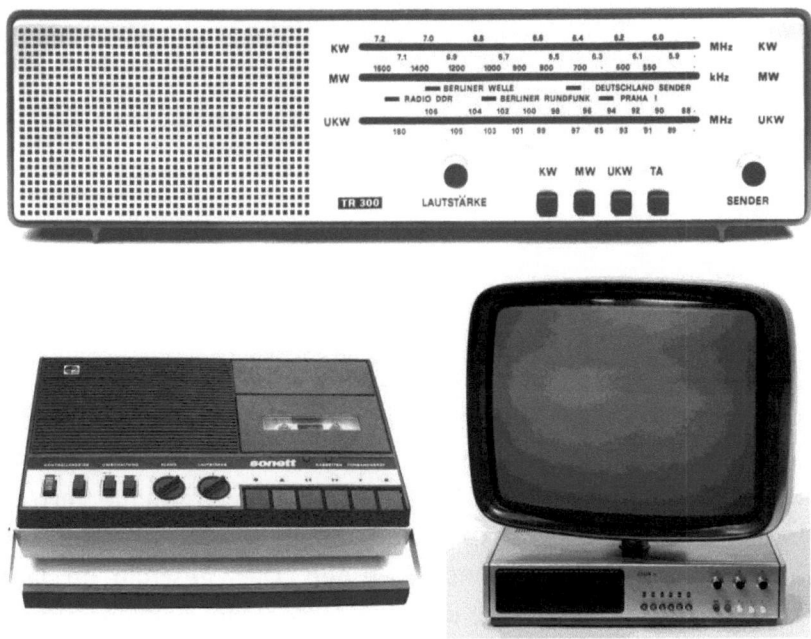

Design-Entwicklungen -Radiogerät, Kassetten-Recorder und TV Gerät

Ein Problem war es für uns Designer, dass wir als Urheber dieser Gerätegestaltungen nicht benannt werden durften, weshalb noch heute unbekannt geblieben ist, wer dieses Design überhaupt entwickelt hatte. Eine andere Besonderheit bestand auch darin, dass die Produkte keinesfalls mit den international gebräuchlichen Bezeichnungen, wie "Recorder", betitelt werden durften, sondern mit "Kassettentonbandgerät" und "Jahresendflügelfigur" statt "Weihnachtsengel". Unter allen Umständen wurde vermieden, westliche Bezeichnungen für die eigenen Produkte anzuwenden. Eine absurde Geschichte, aber konkrete Wirklichkeit.

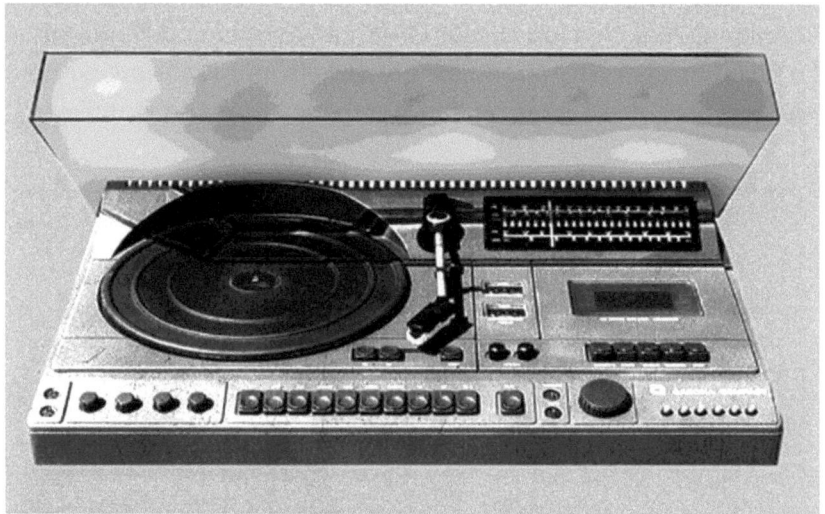

Gerätekombination für die Firma Stern-Radio Sonneberg

Auf der Höhe unserer Leistungsfähigkeit brachte uns ein Gesetz der Berliner Administration über die "Anleitung und Kontrolle im Design" zu Fall. Von einem Tag zum anderen wurden die Verträge mit unseren Vertragspartnern gekündigt, mussten laufende Arbeiten gestoppt und beendet werden. Dies geschah im Jahre 1979 und hatte zur Folge, dass wir fortan aller Existenzgrundlagen beraubt wurden. Ab sofort musste die Industrie ihre Aufgaben nach Berlin vergeben, doch das AiF konnte nicht liefern. So

begann eine tiefgründige Verunsicherung in den Reihen der freiberuflichen Designer. Keiner wusste, wie es weiter gehen sollte,
auch in Berlin hatte man kein Rezept dafür, den Bedarf an De-
signaktivitäten zu sichern. Es war der Anfang des Niedergangs
aller Bemühungen um ein fortschrittliches Design. Unsicherheit
und Ausweglosigkeit machten sich breit. Viele freiberufliche Designer verloren ihre Erwerbsgrundlagen und erlebten eine Zeit
großer Hilflosigkeit und Ausgrenzung. Sie mussten sich beruflich
umorientieren, da es für sie keine Möglichkeit mehr gab, ihrem
Beruf nachzugehen. Durch die breit angelegte Ausbildung an den
Kunsthochschulen, waren wir aber befähigt, auch in anderen
künstlerischen Bereichen arbeiten zu können, beispielsweise in
der Keramik, oder in der Holzgestaltung. Aber dies war nur eine
Frage der Existenzsicherung, keinesfalls der Wunsch nach artfremder Beschäftigung. Einen solchen Kompromiss einzugehen,
setzte viele schwerwiegende Entscheidungen voraus. Der Druck
seitens der Berliner Administration wurde immer unausweichli-
cher, die Überwachung erfolgte lückenlos und vergiftete alle Bemühungen um ein "Gutes Design" für die Produkte. Das hatte
insbesondere Auswirkungen auf die Wirtschaft. Dies war der Beginn einer schleichenden Zerrüttung des Systems und der Anfang
eines unaufhaltsamen Abwärtstrends, was für alle spürbar wurde. Doch dies alles zog sich noch Jahre hin. Schließlich musste der
Alltag bewältigt werden und dazu waren Improvisationen notwendig. So versuchte ich, eine Keramik-Werkstatt aufzubauen,
was mir nur zum Teil gelang. Eine Töpferscheibe und einen Ton-
schneider konnte ich noch besorgen, aber einen Brennofen jedoch nicht. Es fehlte der besondere Stromanschluss, aber auch
der Ofen selbst. Mir blieb also nichts anderes übrig, als meine
Keramiken nach Halle zu befördern, um sie dort brennen zu lassen. Auf diese Art und Weise habe ich meinen Lebensunterhalt
bestreiten können, was angesichts des Verlustes meines Berufes
immer mehr an Bedeutung gewann. Allerdings konnte ich mich

damit nicht so recht anfreunden, da es meinem Gefühl und meiner beruflichen Ambitionen absolut nicht entsprach.

Meine Keramikarbeiten - getöpfert und manuell geformt

So stellte ich nach kurzer Zeit fest, dass ich für die Keramik nicht geeignet war. Zu schmuddelig fühlte sich das Ganze an und so beschloss ich, dieses Projekt aufzugeben und mich der Kleinkeramik zu widmen. In den kommenden Jahren habe ich dann Schmuckkeramik angefertigt, um nicht zur Tatenlosigkeit verdammt zu sein. Dennoch verfluchte ich jeden Tag in dieser ausweglosen Situation. Im Laufe der Jahre nahm mein Widerstand gegenüber den staatlichen Repressalien zu. Ich konnte es nicht verstehen, dass einige Leute in Berlin bewusst den Niedergang des Landes in Kauf nahmen und dabei tatenlos zusahen, wie das Leben der Menschen komplizierter und schwieriger wurde. Hier spielten sich offensichtlich Machtkämpfe zwischen den Behörden in Berlin und einiger Institutionen, u.a. mit dem Künstlerbund, ab. Die lang anhaltenden Auseinandersetzungen wurden jedoch zu Gunsten der Berliner Parteistrategen entschieden, wobei besonders die persönlichen Animositäten eine entscheidende Rolle gespielt haben. Diese Machtstrukturen führten dazu, dass völlig verfehlte Entscheidungen getroffen wurden und das ganze System zunehmend ins Wanken geriet. Dieses erwies sich als unfähig, sich selbst zu organisieren. Und was machten die Menschen daraus? Gab es Widerstand oder Unmut? Im Frühsommer 1989 wurde zwar noch gewählt und nahezu alle Bürger, so die Zählung, stimmten dieser Parteiführung zu. Wie kann das sein? Wurden die Stimmzettel manipuliert oder war der Druck auf die Menschen so groß, dass sie alle mit "ja" stimmten ? Es kann nur vermutet werden. Auf alle Fälle nahmen die Ausreiseanträge erheblich zu. Die Behörden in den Stadtbezirken wurden geradezu überrannt von Menschen, deren Begehren auf Übersiedlung in die Bundesrepublik zugenommen hatte. Einige Rechtsanwälte waren prädestiniert darauf, den vielen Antragstellern zu "helfen"?, ihre Anträge beschleunigt durchzubringen. Dabei waren diese selbst involviert in die Machtstruktur des Staates. Rechtsanwalt Vogel, beispielsweise, ging im Berliner Staatsratsgebäude ein und aus und besorgte für bevorzugten Menschen deren Ausreise. Ihnen war jedes Mittel recht, um Verfahren durchzuführen.

Wie später aus meinen Stasi Unterlagen hervorging, war ich in besonderer Weise überwacht worden. Ja, ich wurde sogar verdächtigt, einen Anschlag auf ein Panzerdenkmal der russischen Armee verübt zu haben. So wurde ich als potentieller Saboteur eingestuft, was sich allerdings als eine Fehldeutung herausstellte. Dennoch gab es viele Indizien dafür, dass ich im Blick der Sicherheitsorgane gewesen waren. So war es auch nicht verwunderlich, dass gegen mich ein Maßnahmeplan zur Überwachung und Bespitzelung meiner Personen angelegt wurde und dieser zu einer Rundumbeschattung geführt hat. Das hatte zur Folge, dass Tag und Nacht ein PKW mit einem Insassen vor unserem Fenster postiert und auch der Schulweg der Kinder überwacht wurde. Auch die Wohnung war Gegenstand von Nachforschungen, aber alles sehr subtil und geheimnisvoll. Dabei hatte ich in der Auseinandersetzung mit den Behörden stets meine Ansichten und Sorgen offen kundgetan und dies niemals provokant nach außen getragen. Das hatte mir vermutlich einen Gefängnisaufenthalt erspart. Die Situation verschärfte sich, nachdem es mir verwehrt wurde, zum 85. Geburtstag meiner einzigen Verwandten in den Westen fahren zu können, was schließlich mein dringender Wunsch gewesen war. Daraufhin stellten wir als Familie im Sommer 1986 einen Ausreiseantrag auf Übersiedlung in die BRD, welcher von den Behörden vehement als illegal zurückgewiesen wurde. Damit schien zunächst alles besiegelt zu sein, doch die Hoffnung keimte wieder auf, nachdem mehrere Freunde und Bekannte den gleichen Schritt unternahmen. So begann ein langer Abnabelungsprozess, der menschlich für uns nicht einfach war und bei den Eltern, Geschwistern und Freunden ein Unbehagen auslöste. Aber auch bei uns kamen Zweifel auf, ob wir mit dieser Entscheidung das Richtige tun würden ? Immer wieder begleitet von der Hoffnung, es möge sich in diesem Land etwas ändern. Aber die Konfrontation nahm immer skurrilere und auch gefährlichere Züge an. Woche für Woche versammelten sich Hunderte Ausreisewillige vor dem Chemnitzer Rathaus, um ihrem Unmut über die schleppende Bearbeitung ihrer Anträge kund zu tun. Darunter mischten sich auch Spitzel der Staatssicherheit und fotografierten jeden, der ihnen in den Weg kam. Das ging sogar soweit, dass die betroffenen Menschen dann den Spieß herumdrehten und ihrerseits ihre Kameras zum Einsatz brachten. Damit hatte die Staatsmacht nicht gerechnet und sie wurde in zunehmendem Maße verunsichert. Das Verwirrspiel war in vollem Gange, doch es kam zu keiner körperlichen Auseinandersetzung. Jeden Dienstag, gegen 18 Uhr, war der ganze Rathausplatz besetzt, da zu dieser Zeit die Angestellten dieser Behörde ihre "Festung" verlassen mussten. Doch es gab noch weitere Schikanen. So meldete sich plötzlich ein Telefondienst zu Hause an, um angeblich die innere Kapsel des Telefonhörers auszuwechseln. Angeblich läge eine Störung vor und wir vermuteten, dass darin eine Wanze versteckt wurde. Da wir mit dieser Situation offen umgingen, machte es auch keinen großen Sinn, dies aufklären zu wollen, oder es zu verhindern. Und so lebten wir Tag für Tag in ständiger Anspannung und erwarteten eigentlich das große Erwachen angesichts einer physischen Bedrängnis. Einmal überraschte uns ein riesiges Aufgebot von Polizeifahrzeugen vor unserer Wohnung, als wir bei der Rückkehr von einem Ausfluges bemerkten, dass jemand inzwischen ein Fahnenbanner mit der Aufschrift "Schwerter zu Flugscharen" am Haus angebracht hatte. Unklar war, wer dieses dort hingehangen hatte. Später beseitigte die Feuerwehr diesen Spruch, dennoch, es blieb ein Verdacht an uns hängen. Da es mit unserer Ausreise nicht voran ging und wir stets abgewiesen wurden, unternahmen wir den Versuch, in Berlin vorstellig zu werden. So betraten wir das Innenministerium in der Mauerstraße und brachten dort unser Ersuchen vor. Ein großer Saal war gefüllt mit Ausreisewilligen. Neuankömmlinge mussten sich ausweisen und den Grund ihres Besuches benennen. Nach langem Warten wurden wir aufgerufen und zu einem Zimmer begleitet. Ein Offizier des Innenministeriums nahm unsere Beweggründe für das Ausreisebegehren zur Kenntnis, machte sich Notizen und verabschiedete sich von uns. Schneller als gehofft, waren wir wieder draußen und konnten doch froh sein, dass wir uns überwunden hatten, diesen heiklen Weg zu gehen. Menschenleer war die Mauerstraße, nur Polizeiposten vermittelten uns ein unheimliches Gefühl. Dennoch wollten wir nicht aufgeben und so fuhren wir zum Staatsratsgebäude, um uns bei dem Vorsitzenden Honecker anzumelden. Aber wir kamen nur bis zu einer Glaskanzel, um unser Anliegen vorzutragen. Der Beamte ging mit unseren Pässen nach hinten und trat nach einiger Zeit wieder hervor, um uns unsere Ausweise zurück zu geben. Mit seinen Worten "ihr Anliegen interessiert uns nicht" , sollten wir den Vorraum verlassen. Als ich noch einmal in den Empfangsraum zurückkehrte, um von dem Beamten zu verlangen, man möge es mir schriftlich geben, dass "man sich nicht für unser Anliegen interessieren würde", wurden wir durch einen bewaffneten Sicherheitsposten des Hauses verwiesen. Damit war unser Versuch gescheitert, Klarheit über unsere Zukunft zu bekommen. Auch unsere Bemühungen, einen Termin bei Rechtsanwalt Vogel und bei dem Kirchenmann, Bischof Forck, zu bekommen, gingen ins Leere. Sie alle ließen ausrichten, sie wären dafür nicht zuständig. So konzentrierten wir uns darauf, alle Vorbereitungen für eine zu erwartende Ausreise zu treffen. Am Vortag des 31-sten August wurden wir in der Abteilung des Inneren des Stadtbezirkes Mitte Nord darüber informiert, dass wir am kommenden Tag um 8:01 mit dem Zug in den "Westen" fahren müssten. Zuvor wurden wir schriftlich ausgebürgert und mussten unsere Ausweise abgeben. Nun waren wir für einige Tage staatenlos. Am nächsten Tag bestiegen wir den Zug in Richtung Fulda und verabschiedeten uns von unseren Freunden. Im Abteil saßen wir älteren Rentnern gegenüber, welche fortwährend davor warnten, dass wir auf unsere Koffer aufpassen sollten, da im Westen angeblich geklaut würde. Am Grenzübergang nach Bebra hielt der Zug für eine längere Zeit, da die Grenzpolizei der DDR alle Personen kontrollierte und der Waggon im Inneren und auch außerhalb gründlich untersucht wurde. Auch Hunde kamen dabei zum Einsatz. Zum ersten Mal im Leben gen Westen zu fahren und gleichzeitig die ganze Macht des Staates spüren zu müssen, war ein seltsames Gefühl. In Bebra angekommen, stiegen wir aus und suchten vergeblich einen Ansprechpartner für unsere Belange. Da entdeckten wir zwei Bahnpolizisten, erzählten ihnen von unserer Übersiedlung in die BRD und ob man uns nicht überprüfen möchte ? Aber sie wiegelten ab und meinten, wir sollten uns in Gießen anmelden, aber das hätte noch Zeit. Wir stellten fest, dass sich niemand für uns interessierte. Und so fuhren wir weiter nach Fulda und wurden von unseren Verwandten abgeholt. Im Laufe der nächsten Tage besuchte ich das Aufnahmelager in Gießen. Drei Tage intensiver

Befragung bei der Anmeldung und dann war es geschafft, wir waren nun Bürger der Bundesrepublik Deutschland. Alles lief in geordneten Bahnen ab. In den Aufnahmequartieren wurde versucht, dem Ansturm der übergesiedelten Menschen, welche direkt oder über Ungarn eingereist waren, gerecht zu werden. Ein Pfarramt bot uns die Möglichkeit, dort telefonieren zu können. Stundenlang mussten wir auf eine Verbindung mit der alten Heimat warten. Aber schließlich war uns das nicht unbekannt und so waren wir glücklich, mit unseren zurückgebliebenen Eltern sprechen zu können. Nun trugen wir den bundesdeutschen Pass in den Händen und waren froh, die Übersiedlung einigermaßen gut bewältigt zu haben. Dennoch konnten wir unser Heimweh nicht so schnell abschütteln. Besonders unseren Kindern machte die Trennung von ihren Großeltern sehr zu schaffen. Es verging kein Tag, an dem nicht darüber gesprochen wurde. Aber die Eingliederung in das Leben im Westen nahm alle unsere Kräfte in Anspruch. Behördliche Anmeldungen waren mit großen Wartezeiten verbunden. Wir reisten weiter nach Heidelberg und kamen erst einmal bei Verwandten unter. Von dort aus starteten wir unser künftiges Leben, und kämpften dafür, einen Platz in dieser Gesellschaft zu finden. Die größte Herausforderung bestand darin, eine Wohnung für uns zu finden. Schließlich kamen unzählige Menschen in den Westen und das Land geriet an die Grenzen des Machbaren. Nach einem Jahr hatten wir das große Glück, eine Wohnung mieten zu können und waren erleichtert, als wir diese dann beziehen konnten. Das war unser Glück und auch der Grundstein für unser künftiges Leben. Danach suchten wir einen Kindergartenplatz für unsere Tochter und für unseren Sohn die Möglichkeit, seine Schule an einem Gymnasium fortsetzen zu können. Trotz erheblicher Schwierigkeiten ist uns dies gelungen und das gab uns die Gewissheit, dass unsere Bemühungen auch künftig von Erfolg gekrönt sein würden. Nun galt es für uns, eine berufliche Perspektive für unsere weitere Existenz zu finden, was uns nach einiger Zeit auch gelang.

Erinnerungen an unsere Vergangenheit

Die Rückbesinnung an unser früheres Leben nahm plötzlich einen größeren Raum in unserem Alltag ein. Schließlich hatten wir viele Jahrzehnte in diesem Land gelebt und haben nun alles hinter uns gelassen, die Eltern, die Freunde, die vielen Erinnerungen an unwiederbringliche Momente unseres Leben, aber auch die vielen Demütigungen und Lebenseinschränkungen, die ganzen Schikanen und Bespitzelungen gegenüber uns als Personen.

Aber es gab trotz alledem Dinge und Begebenheiten, welche mir in Erinnerung geblieben sind und es verdienen, erzählt zu werden. Diese haben sich in mir eingeprägt und noch immer blicke ich darauf zurück. Zum einen verbrachten meine Eltern und wir Kinder unsere Urlaube in der Sächsischen Schweiz. Diese herrliche Landschaft, mit den vielen Gesteinsformationen zwischen Dresden und Bad Schandau, hatte es meinen Eltern besonders angetan und so verbrachten wir einige Sommer in dieser schönen Gegend. Natürlich wurde viel gewandert, den Amselsteig hinauf und herunter, oder über die Himmelsleiter auf den Lilienstein und auf die Schrammsteine. Kein Fleckchen dieses Stückchens Erde blieb vor unserer Neugier verschont, ein wahres Paradies für Leib und Seele. Besonders die Festung Königstein, mit dem 150 m tiefen Brunnen, hat es uns besonders angetan. Diese spätmittelalterliche Burg wurde bereits im 12. Jahrhundert zur Festung ausgebaut und diente zeitweilig auch als Gefängnis, oder gar als Lustschloss. Sie wurde militärisch nie eingenommen, da sie wegen der hohen Mauern jederzeit gut verteidigt werden konnte. Noch heute ist zu erahnen , welche Gewalt von dieser riesigen und bedeutenden Burg ausgegangen sein muss. Sie war lange Zeit auch Zufluchtsstätte für Menschen aus dieser Gegend.

Heute ist sie Anziehungspunkt für viele interessierte Besucher, welche die Geheimnisse dieser Wehranlage entdecken möchten.

Elbe und Anlegestelle in Raten sowie die Felsspitzen des kleinen Gebirges

Eine Aussichtsplattform am Rande der Bastei des Elbsandsteingebirges.

Mit bis zu 42 Meter hohen Mauern ist die Burg über eine Länge von 1800 Metern umfriedet und konnte dadurch nie eingenommen werden. Der Versorgungsbrunnen für Trinkwasser ist mit

152,5 Metern der tiefste in Sachsen und der zweittiefste in ganz Europa. Dieser wurde in mühevoller Arbeit in den Felsen hinein gebrochen und dient heute als Anschauungsobjekt für Besucher. Weitere historischen Museen befinden auf dem Gelände.

Festung Königstein Befestigungsanlage

Festung Königstein obere Eingangspforte

Einige Urlaubsaufenthalte verlebten wir außerdem noch in Binz an der Ostsee. Meine Eltern waren Strandkorbverfechter, während ich Burgen im Sand baute. Für vierzehn Tage war dies der Höhepunkt unseres Urlaubs, auf den wir uns das ganze Jahr über gefreut hatten. Andere Unternehmungen gab es für uns in dieser Zeit nicht, dennoch erinnere ich mich noch lebhaft an die schönen Stunden am Strand und im Ostseewasser. Baden in der See war für mich stets verlockend und aufregend zugleich.

Urlaub in Binz, hier mit meiner Mutter

Das Wasserschloss Moritzburg bei Dresden, auch ein Anziehungspunkt

Aber nun ging es nach Mittweida, zum Studium. Zuvor gab es noch eine zweitägige Aufnahmeprüfung mit einer anschließenden Befragung vor einem Prüfungskollegium. Ein wenig war ich doch verunsichert, was man mir sicherlich anmerkte. Aber ich hatte Glück und wurde aufgenommen. Am 1. September war es nun soweit und ich fuhr mit dem Zug über Chemnitz nach Mittweida. Es war eine lange Fahrt voller Erwartungen, aber auch Ängsten, ob ich das wohl schaffen würde. Zum Glück ging es allen anderen Neuankömmlingen ebenso wie mir und so teilten wir gemeinsam dieses Gefühl der Unsicherheit. Der erste Schritt war getan und so konnte man uns die Erleichterung ansehen.

An der Schule wurde ich erstmals mit Gesinnungsfragen und einer Hierarchie im Hochschulbetrieb konfrontiert. Zucht und Ordnung nahmen seinen Lauf. Man konnte nicht mehr machen, was man wollte. Ein vorgegebenes Zeitfenster musste bedingungslos eingehalten werden. Einschnitte in das persönliche Leben wurden spürbar. Die Vorlesungen begannen um 7 Uhr mit einem Klingelzeichen und endete ebenso, wie sie begonnen hatten, mit dem Schrillen der Glocke. Dazwischen gab es Pausen, bis der nächste Dozent den Saal betrat. Und so ging es Stunde um Stunde, bis das Ende des Tages erreicht war. Gleich in den ersten Wochen erfuhren wir, dass eine vormilitärische Ausbildung geplant sei und wir uns darauf einstellen sollten. Und so nahm das Studium seinen Lauf. Ändern konnte man daran nichts, durchhalten war das Motto. Niemals wurde hinterfragt, ob die Methoden der Ausbildung richtig waren, oder ob es vielleicht auch andere Überlegungen dazu geben könnte. Die Schulleitung jedenfalls ließ nicht erkennen, dass sie von dem eingeschlagen Weg abgehen würde, im Gegenteil, jegliches Aufbegehren wurde im Keime erstickt oder mit Exmatrikulation beantwortet, wovor sich die meisten Studenten fürchteten. Doch leider ist das öfters vorgekommen und die Studenten mussten die Schule verlassen. In einer Zeit, wo Kartoffeln knapp waren und sich die ganze Nation mit Nudeln und Weißkraut ernähren musste, führte es zu einer Provokation, als ein Student mit einem Sack Kartoffeln über der Schulter in die Schule kam und er die "begehrte" Erdfrucht triumphierend hochreichte. Nach einer großangelegten Verurteilung im Kreise aller Studenten, wurde diese Person der Schule verwiesen, was wiederum als abschreckendes Beispiel zu gelten hatte. Vorfälle dieser Art wurden unerbittlich verfolgt, worunter das Schulklima sehr gelitten hatte. Ein Lichtblick gab es dennoch, unser Materialkundedozent, Dr. Schönlebe, verstand es vortrefflich, seinen Unterricht so einzuteilen, dass er nur eine halbe Stunde referierte, aber den Rest der Zeit dafür genutzt wurde, aus seinem früheren Studentenleben an der Uni Dresden zu berichten. Sein Erzählwitz rührte uns zu Tränen und seine Gesten ebenso. Anekdoten über Anekdoten wurden dabei aneinander gereiht und im nu war die Stunde herum. Andere Dozenten wiederum brachten es kaum fertig, einmal zu lächeln. Sie verbissen sich in den Lehrstoff, schrieben Formeln und Leitsätze an die Tafel, wobei wir kaum mitkamen, dies alles aufzuschreiben. Das Schulklima verdüsterte sich zunehmend und wir waren jeden Tag froh, wieder in unser Wohnquartier zurückkehren zu können. Das hielt noch lange an, die Lehrstunden wurden zunehmend zum Alptraum für uns alle und so beeilten wir uns, das Studium so schnell wie möglich zu Ende zu bringen. Ein halbes Jahr vor Ende des Studiums erhielten wir die Aufgaben für unsere Abschlussarbeit. Zu zweit haben wir, Heinz und ich, ein Projekt angenommen und dabei recherchiert und die Inhalte in Form gebracht. Zum Schluss war die Mappe mit vielen Konstruktionszeichnungen und Abhandlungen sowie mit seitenlangen Berechnungen und mathematischen Formeln angefüllt. Und dies haben wir nur mit zwei Fingern auf der Schreibmaschine geschrieben. Jeder Fehler wurde zum Verhängnis und konnte nur mit einem Radiergummi behoben werden. Ein äußerst mühseliger Vorgang angesichts unserer Unerfahrenheit im Umgang mit der Schreibmaschine. Zum Abschluss des Studiums bekamen wir unsere Diplomurkunden in die Hand gedrückt. Nun waren wir Ingenieure für Feinwerktechnik und Technologie. Die meisten Absolventen hielten bereits ihren Arbeitsvertrag in den Händen und verabschiedeten sich ohne große Emotionen von dieser Lehranstalt. Das war das Ende einer sehr einseitigen Ausbildung mit gestrengen Regeln. Es gab auch keine Abschiedsfeier, jeder wollte nur noch weg. Wir haben uns dann lange Zeit nicht wiedergesehen.

Ich hingegen ging neuen Herausforderungen entgegen und konnte es kaum erwarten, mein Studium an der Kunsthochschule in Halle zu beginnen. Zuvor jedoch befragte ich meine Eltern, ob ich es ihnen zumuten kann, ihre Unterstützung noch weitere Jahre in Anspruch zu nehmen. Doch sie sagten sofort zu, da sie offensichtlich bemerkt hatten, dass ich darauf brenne, dieses Studium aufnehmen zu können. Ich war sehr erleichtert, obwohl dies für mich bedeutete, noch einmal 5 Jahre Ausbildung vor mir zu haben. Wie bereits am Anfang beschrieben, wechselte ich nun im September 1960 an die Hochschule für industrielle Formgestaltung nach Halle und genoss fortan den Freiraum und das ungezwungene Leben an dieser Einrichtung. Nach den Jahren der Gängelung und Disziplinierung, erlebte ich nun eine Atmosphäre der freien Entfaltung und einer freudig erregten Begeisterung. Ungeahnte Möglichkeiten der Selbstfindung und der persönlichen Entfaltung bereicherten plötzlich mein Leben. Meine Neugier darauf war grenzenlos. In der fachübergreifenden Ausbildung erlebte ich ein hohes Maß an Kreativität und Fachkompetenz. Unterstützt von Ausbildern und Dozenten, galt mein besonderes Interesse u.a. der Verformung von Kupfer- oder Messingblechen, welche durch das Schlagen mit Treibhämmern zu Gefäßen geformt wurden. Aber auch in der Holzbearbeitungen empfand ich großes Interesse an den unterschiedlichsten Verarbeitungsmöglichkeiten. Jede freie Minute nutzte ich dafür, meine Fähigkeiten zu vertiefen und diese am Objekt auszuprobieren.

Aber auch das Feiern kam nicht zu kurz. Alle waren dabei, wenn es um Feste an der Burg ging. Selbst Studenten und Professoren anderer Fakultäten der verschiedenen Unis in Halle drängten in die Räume der alten Burggemächer. Es war das pure Leben, unbeschwert, hoffnungsvoll, lebensbejahend und überall ausgelassen und fröhlich. So wie man sich das Studentenleben vorstellte.

Ausgiebig wurde gefeiert, besonders zur Faschingszeit.

Unser Rektor, Prof. Funkat, war eine Persönlichkeit an dieser Schule. Er hatte selbst am Bauhaus gearbeitet und brachte viele fachliche und menschliche Voraussetzungen mit, um diese Lehranstalt zu Anerkennung und Bedeutung zu verhelfen. Unser Respekt ihm gegenüber, war von Bewunderung und Verehrung geprägt. Seine besondere Hinwendung galt jedoch der Grafikabteilung, er war aber auch der Keramik sehr zugetan. Professor Sitte hingegen leitete die Hochweberei und war sich seines Könnens und seiner Ausstrahlung sehr bewusst. Er war ein Meister im Aktzeichnen und in der großflächigen Wiedergabe korpulenter Figuren. Seine Studentinnen erarbeiten bildhafte Gobelins, welche durch sein Können beeinflusst waren. Es entstanden textile Bildwerke, die zunächst auf einem großflächigen Karton gezeichnet wurden und sie dann durch das Knüpfen der Fäden in das Basisgewebe einen Bildteppich entstehen ließen. Eine sehr aufwändige Prozedur, farbig und äußerst präzise in der Ausführung. Namhafte Gobelins befinden sich unter anderem auch im Kirchenschiff des Domes zu Halberstadt. Diese außergewöhnlichen französischen Bildwerke vergangener Jahrhunderte wurden dadurch gerettet, dass vor den Augen der Besatzungsmacht eine vorgetäuschte Bestattungszeremonie zelebriert wurde, in deren Särge die kostbaren Teppiche verstaut waren. Auf diese Weise blieben sie für die Kirchengemeinschaft erhalten und sie können heute wieder in der Schatzkammer des Domes bewundert werden. An der Burg ging das Studienleben weiter. Unser Professor für die Designausbildung, Laux, ein Mann mit Grundsätzen, aber auch mit einem Hang zum jovialeren Umgang mit seinen Studenten, forderte uns alles ab und hinterfragte ständig unsere Leistungen bei der Ausbildung im Fachbereich Industriedesign. So erreichte er es, dass unsere kleine Studiengruppe einen Studienaufenthalt im Automobilwerk Eisenach absolvieren konnte, was für uns ein enormer Erfahrungsgewinn war. Über die Entstehung eines Fahrzeuges mehr zu erfahren, bleibt für uns bis heute unvergesslich.

Im Herbst eines jeden Studienjahres absolvierten wir den obligatorischen Ernteeinsatz, indem wir an die mecklenburgischen Seenplatte geschickt wurden, um den Bauern dort zu helfen, ihre Kartoffeln zu ernten. Nach getaner Arbeit konnten wir an diversen Veranstaltungen und Unternehmungen teilnehmen. So ruderten wir über den Kummerower See und nahmen an Dorffesten teil. Nach 3 Wochen ging das Studium weiter und die körperlichen Anstrengungen waren schnell vergessen. Bald hatte uns der Studienalltag wieder eingeholt und wir bearbeiteten neue Aufgaben. Nach Beendigung des obligatorischen Grundstudiums, welches zwei Jahre gedauert hatte, mussten wir bereits konkrete Objekte bearbeiten. So entwarfen wir unter anderem Nutzfahrzeuge in Form grafischer Darstellungen und maßstäblichen Modelle. Gleichzeitig absolvierten wir die Studienfächer Kunstgeschichte, Materialkunde und Ästhetik. Bereits im vierten Jahr des Studiums erhielten wir das Thema für die Abschlussarbeit und so richteten wir unseren Focus fortan auf diese Diplomaufgabe.

Hauptentwurf für eine elektromechanische Schreibmaschine - Diplomarbeit

Eine elektrische Schreibmaschine zu gestalten, war mein Thema für die Diplomarbeit. Ausgehend von der vorhandenen Serienmaschine, sollte die äußere Form verbessert werden. Das bedeutete, dass Inhalt und Form in Übereinstimmung gebracht werden musste. Ziel war es für mich, eine harmonische und fließende äußere Form zu entwickeln, welche den Anforderungen an eine optimale Gestaltung gerecht wird. Jedenfalls war dies das Credo meiner Herangehensweise. Denn nichts ist schlimmer, als an Geräten arbeiten zu müssen, welche unpraktisch und in gewisser Weise auch "hässlich" sind. Diese beiden Attribute waren Maßstab für mein gestalterisches Handeln. Mit diversen Skizzen, Zeichnungen und Modellen sowie einem schriftlichen Teil, wurde die Arbeit zum Abschluss vor einer Prüfungskommission verteidigt. Am Anfang war ich sehr aufgeregt, aber die Anspannung legte sich sehr bald, als darüber diskutiert wurde. Und so verlief die Verteidigung meines Ergebnisses in einer aufgelockerten Atmosphäre und sie führte dann zur Anerkennung und der Vergabe des Diploms. Damit war das Studium geschafft und ich konnte meinem Vater, der anwesend war, diese Freude bereiten. Das war ein glücklicher Moment für uns beide. Nun war der Weg frei für den Einstieg in das Berufsleben. In der Folge trat ich meinen Dienst im Wissenschaftlichen Zentrum der Datenverarbeitungsindustrie an und verbrachte hier zwei Jahre in dieser Einrichtung. Hier wurde ich mit vielen Herausforderungen konfrontiert, die es zu bewältigen gab. Mein Einsatz in diesem Bereich war interessant und herausfordernd zugleich. Das Spektrum an Aufgaben ermöglichte es mir, auch aus der Sicht eines Ingenieurs, zu agieren und Beiträge zur konstruktiven Entwicklung verschiedener Objekte zu leisten. Das erfüllte mich mit Stolz und dies gab mir die Gewissheit, auch schwierige Aufgaben meistern zu können. Besonders das übereinstimmende Verständnis mit den Entwicklern und Konstrukteuren ermöglichte es mir, den Erwartungen gerecht zu werden und einen gemeinsamen Weg bei der Umsetzung von gestalterischen Lösungen mit ihnen zu gehen.

Was sich jedoch für die Arbeit als Gestalter erschwerend auswirkte, war die einseitige Informationspolitik über Entwicklungen in anderen Ländern. Dies führte zur geistigen Verarmung im Schaffensprozess und zu einem ausbleibenden Wettbewerb. Es sollten zwar Dinge mit "Weltniveau" entwickelt werden, aber nur wenige wussten damit etwas anzufangen. Wie sollte man erfahren, welchen Entwicklungsstand andere Industrienationen einnahmen und wie entwickelt ihre Erzeugnisse wirklich waren ? Wir Designer sollten zwar fortschrittliche Entwürfe liefern, konnten uns aber so gut wie nicht darüber informieren, welchen Entwicklungsstand andere Länder besaßen. Besonders Designzeitschriften aus den westlichen Ländern waren so gut wie nicht zugänglich. Auch Messen in Hannover oder Stuttgart konnten nicht besucht werden. Diesen Einschränkungen hatte man sich zu beugen, dennoch sollten "Spitzenergebnisse" im Design erzielt werden, was kaum möglich war. Auch die Festschreibung des Urheberrechts an einer Designleistung wurde zum Problem. Man konnte zwar den Entwurf anmelden, aber war sich nicht sicher, ob diese Anmeldung Bestand hatte. So konnte ich einen Bodenstaubsauger entwickeln und dafür ein Geschmacksmuster anmelden, aber die bundesdeutsche Firma Leifheit reklamierte dieses für sich. Nun wurden alle verfügbaren Vergleichsunterlagen recherchiert und siehe da, unser Gerät wurde viel eher patentiert. Leifheit durfte demzufolge ihr Produkt nicht herstellen.

Erholung, Kultur und sonstiges.

Ich möchte nicht verschweigen, dass wir trotz aller bereits genannten Einschränkungen, ein breites Spektrum an sportlicher Betätigung und am Genuss kultureller Ereignisse besaßen. Angefangen von den vielen Möglichkeiten zur körperlichen Ertüchtigung und des sportlichen Frohsinns, an denen jeder Mensch teilnehmen konnte, unabhängig davon, ob dieser eine Leistungsstufe erklimmen wollte, oder nur sein Fitness-Programm im Auge hatte. So war es mir wichtig, Freude bei der Auseinandersetzung mit meinem Körper zu empfinden und so entschied ich mich für das Tennisspielen. Dieses konnte ich im Sommer im Freien und im Winter in der Halle spielen. Im Urlaub zog es mich sehr oft an die Ostsee, doch es waren zumeist Urlaube mit Hindernissen. Alljährlich im Sommer suchten wir die Küste auf, zumeist auf der Insel Rügen. Mit einem Zelt im Gepäck, fuhren wir in Richtung "Ferienparadies" und "genossen" den überbelegten Platz an der Ostsee. Aber auch das wurde zum Problem, da wir bereits 1 Jahr zuvor eine Anmeldung an die Zeltplatzverwaltung verschicken mussten und nicht sicher waren, ob wir dafür eine Zuteilung für einen dieser Plätze im Ostseeraum erhalten würden. Ganz zu schweigen davon, ob der angegebene Termin mit den eigenen Möglichkeiten übereinstimmte oder nicht. Kurzum, es war immer ein Zittern um diese Zuweisung zu erhalten. Ein spontanes Verweilen in dieser Region war wegen der Grenznähe nicht möglich. Alles wurde reglementiert, erfasst und überwacht. Schlauchboote und Surfbretter mussten für die Zeit des Urlaubs abgegeben werden. Luftmatratzen konnten nur bedingt auf dem Wasser benutzt werden. Eine Vorschrift folgte auf die andere und außerdem war es eine Invasion von Menschen mit ihren knatternden Zweitaktautos, entlang der Küste von Rostock bis Rügen und sogar bis Usedom. Nichts konnte uns abhalten, es war ein "Genuss" ohne Reue? Wir mussten vor einer Schranke stehen bleiben und ewig auf die Anmeldung warten, um dann einen Platz auf dem langen Gelände zugewiesenen zu bekommen. Dann ging die Schranke auf und wir fuhren hinein ins Ostsee-Paradies.

Da sah man schon die benachbarten Camper in Badehosen oder auch ganz nackt, denn wir waren im Bereich C-E, einem FKK-Strand, gelandet. Na gut, dachten wir, es ist halt so und luden unser Zelt und unser Urlaubs-Equipment aus, um sobald mit dem Aufbau und der Einrichtung unseres "Urlaubsappartements" zu beginnen. Die Nachbarn um uns herum waren bemüht, nicht zu neugierig zu wirken, dennoch entging ihnen nichts. Wir hingegen waren in Eile, denn wir wollten das Wasser und den Strand genießen, um uns von den Strapazen zu erholen. Später stellte es sich heraus, dass der Zeltplatz mit über 10 Tausend Urlaubern belegt war und sich dieser sage und schreibe 8 km lang am Ufer ausdehnte. So gelangten wir zum Zelten und das Jahr für Jahr. Man konnte sich daran gewöhnen und freute sich jedes Jahr erneut, wenn es wieder losging. Nach einiger Zeit suchten wir nach anderen Alternativen und fanden diese auf Ummanz, einer Halbinsel auf Rügen, mit dem Zugang zu einem Bodden zwischen dem Festland und der Insel Hiddensee. Hier gefiel es uns und so richtet wir uns ein, dort vor "Anker" zu gehen. Ein kleiner Zeltplatz unter Bäumen mit hinreichend viel Platz und angenehmer Betreuung, wurde künftig unser Urlaubsziel. Was wollten wir mehr? Aber einen Haken hatte die ganze Sache doch, der Platz lag zwar am Wasser, aber es war Boddenwasser. Man musste 300 Meter hinaus waten, um untertauchen zu können. Schade dachten wir und konnten es gar nicht fassen. Aber nun kam uns ein Gedanke, denn wir bemerkten, dass viele kleine Boote am Ufer an Pfählen angegurtet waren. Was sollte man nun machen? Wir hatten ja keines und es war auch nicht abzusehen, wo wir ein solches erwerben könnten. Da half uns der Zufall, denn man erzählte uns, dass die meisten Bootseigner an das offene Meer nach Hiddensee fahren würden, um die See in vollen Zügen genießen zu können. Das leuchtete uns sofort ein und so beeilten wir uns, ein ähnliches Boot zu erwerben, um diesem Dilemma zu entgehen. Schließlich wollten wir in Ruhe unseren Urlaub an der Ostsee verbringen und keine Behinderungen durch die äußeren Umstände in Kauf nehmen zu müssen. Also fuhren wir nach Stralsund ins größte Sporthaus und hatten das große Glück, ein besonders breites Faltboot mit Seitenschwertern kaufen zu können. Auch einen Außenbordmotor dazu, um uns fortzubewegen. Vier-

Personen konnten wir damit transportieren und unsere erste Fahrt ging gleich zur Insel Hiddensee. Es sollte die schönste Urlaubszeit für uns alle werden. Einen idyllischen Zeltplatz und ein einsamer Traumstrand, alles war perfekt. Hier fühlten wir uns wohl und so blieben den ganzen Urlaub in unserem neuen Paradies. Dieses war jedoch ein Sperrgebiet und wir wurden von den Grenzwächtern des Staates überwacht und kontrolliert. Selbst mit dem Hubschrauber flogen die Soldaten über den Strand. An der geöffneten Tür konnte man die Grenzer gut erkennen und diese uns ebenso. Da war es nur natürlich, dass wir entsprechende Handzeichen zum Himmel richteten. Einmal liefen wir nackig am Strand entlang, als plötzlich Grenzwächter auf uns zukamen und nach unseren Ausweisen fragten. Wir waren wie versteinert und konnten es gar nicht fassen, dass man uns, einem nackten Menschen, so ein Ansinnen unterbreiten würde. Aber das war damals die Zeit, an die man sich eigentlich nicht gewöhnen wollte. Einmal konnten wir wegen eines Gewitters nicht wieder zum Festland zurückfahren, mussten aber die Insel aufgrund des Grenzgebietes verlassen und fanden dann Unterschlupf auf einem im Bodden liegenden Baggerschiff. Früh zeitig wurden wir durch den großen Lärm des Schaufelbaggers geweckt und wir konnten dann mit unserem kleinen Boot wieder zum Zeltplatz fahren. Dort wurden wir dann von einem Polizeihelfer bereits empfangen und wir erhielten eine Verwarnung wegen der Gefährdung der öffentlichen Ordnung. Fortan wurde mir der Titel "Katastrophenschiffer Hartmann" zuteil. Dennoch, es waren die schönsten und lässigsten Urlaube in dieser Zeit, die man sich denken kann. Jahr für Jahr fuhren wir dort hin, eroberten die Insel und fühlten uns dabei sehr wohl. Später besorgte ich mir ein größeres Segelboot, eine Jolle, und damit gleiteten wir über das Wasser, hin zur Insel Hiddensee, nach Kloster und Vitte und Neuendorf, den wunderschönen Orten, ohne Zäune und Absperrungen, frei in der Natur platziert, mit kleinen Häfen, schönen

Reetdachhäusern, ohne Autos und Motorrädern, einfach nur die Idylle pur. Sehr zu empfehlen für Menschen, die das lieben.

Die Kreidefelsen bei Sassnitz, Stubbenkammer genannt.

Aber es gab noch andere interessante Erlebnisse. Beispielsweise Fernreisen zu Ländern des Ostblockes. Neben Ungarn, Polen und Bulgarien, war es besonders die Sowjetunion, deren Architektur und Landschaft, wie auch die historischen Baudenkmäler, ich bevorzugt besucht habe. Ein Kunsthistoriker, welcher mit der Geschichte Russlands sehr verbunden war, bot Reisen der besonderen Art an. Sich seinem Gespür und seiner Kenntnis anzuvertrauen, bescherte mir außergewöhnliche und einmalige Momente. Wer kann schon davon erzählen, in der Schatzkammer des Kremls gewesen zu sein, die Kleider der Katharina der Großen und die größten Juwelen des Landes bewundert zu haben. Unser Reiseleiter hatte Zugang zu vielen Dingen der russischen Geschichte, vom Kreml bis hin zur Eremitage in Leningrad, heute Sankt Petersburg. Diese Reisen waren für mich die bedeutendsten Erlebnisse zur damaligen Zeit und sie haben sich in mir eingeprägt, wie keine anderen. Der Umfang und die Breite der Einblicke in eine bedeutsame geschichtliche Zeit, ist kaum zu beschreiben und kann nur im Wechselspiel mit den russischen Menschen gesehen werden. Diese Begegnungen hinterließen bei mir sehr nachhaltige und beachtenswerte Eindrücke. Kunst im Überfluss, die Zarenzeit allerorten zu spüren, die riesigen Dimensionen in allen Bereichen, der Rote Platz vor dem Kreml, die Wolga und die vielen Kathedralen und Kirchen, alles behutsam restauriert und gepflegt, einfach nur beeindruckend. Die russischen Menschen sind sehr freundlich, hilfsbereit und den jeweiligen Machthabern, heute wie damals, sehr ergeben. Sie suchen stets eine Führungspersönlichkeit für ihr Leben und ordnen diesem Gefühl alles unter. Auf meinen vielen Reisen durch Russland habe ich dieses Phänomen spüren können. Eine absolute Verehrung für die Erinnerungskultur, u.a. für den vaterländischen Krieg, für Lenin und seine Revolution, aber auch für die Dynastien der Zarenzeit. Eine Begebenheit sei hier erzählt. Wir fuhren mit dem Bus bei 20 Grad minus in Moskau und kamen wegen Überfüllung desselben kaum mit, aber die Menschen rückten zusammen und boten uns sogar noch ihre Sitzplätze an. Da wir nicht an den Kassenautomaten herankamen, gaben wir einige Rubel einem fremden russischen Mitfahrer und waren überzeugt davon, dass wir nichts wieder zurückbekommen würden. Wir haben uns total getäuscht. An jeder Haltestelle erhielten wir kleine Beträge von ihm überreicht, bis wir die wenigen "Stotinkis" bezahlt hatten. Er war quasi eine lebende Wechselstation. Das hat uns sehr beeindruckt und uns nachdenklich gestimmt. Eine interessante Begebenheit war auch der Besuch des Mausoleums vor der Kremlmauer. Um den toten Lenin zu sehen, reihten wir uns in eine hunderte Meter lange Schlange von Menschen ein und waren der Meinung, na das kann ja ewig dauern, bis wir hinein kämen. Aber das hatte sich als Irrtum herausgestellt und so waren wir nach einer Stunde am Eingang zum Mausoleum. Ein Wachposten machte uns darauf aufmerksam, dass wir absolut still sein müssten und dem Schritt der anderen Besucher lückenlos folgen sollten. Wir kamen in einen großen dunklen Raum, gingen mit langsamen Schritten dem gläsernen Sarg entgegen und da lag er nun, der große Lenin, irgendwie doch beeindruckend, zart angestrahlt und in etwas surrealistischer Aufbahrung. Ich gebe zu, niemand konnte den Blick von ihm wenden, eine gewisse Magie überkam uns alle Besucher, es war einfach nur geheimnisvoll. Nach dem Tod von Stalin wurden beide gemeinsam dort aufgebahrt, aber nachdem dieser in Ungnade gefallen war, begrub man ihn in der Kremlmauer. Stalin galt fortan nicht mehr als Nationalheld der Sowjetunion und wurde dorthin umgebettet.

Mausoleum, Grabstätte Lenins, ein Nationalheiligtum

Eine umstrittene, aber geschichtsträchtige Person des 20. Jhd.

Dort weist eine Tafel auf diese Grabstätte hin. Für die Menschen in Russland ist diese Ehrung von fundamentaler Bedeutung, was sich in regelmäßigen Ehrungen manifestiert. Über eine beeindruckende Informationsreise in diesem großen russischen Land wäre noch zu berichten. Eine Reise nach Vorderasien, nach Taschkent, Alma Ata, in den Kaukasus, nach Jerewan und Tiflis sowie auch nach Sagorsk, dem Machtzentrum des "Iwan dem Schrecklichen", Herrscher und Großfürst von Moskau und selbsternannter Zar des Russischen Reiches. Er lebte in der Zeit von 1539 bis 1584. Um ihn ranken sich umfangreiche Legenden, so soll er machtbesessen und selbstherrlich gewesen sein. Als Zar Iwan der IV, ging er in die Geschichte des Russischen Reiches ein.

Iwan IV. Wassiljewitsch, der Schreckliche   St. Sergius Kathedrale Sagorsk

Sein Machtzentrum war Sagorsk, ein mit vielen Kathedralen ausgestattetes Kloster, das Dreifaltigkeitskloster, u.a. mit einer bemerkenswerten Ikonografie. Ein Besuch in diesem Kloster, besonders im Hinblick auf seine Vergangenheit, wurde für mich zu einem äußerst beeindruckendem Erlebnis. Allein die russischen Gesänge der zumeist gläubigen Menschen, das Vorsingen des Popen und der mehrstimmige Chorgesang, sind einfach unbeschreiblich. Das sind unvergessliche Momente der Rührung und der Faszination. Man verlässt das Kloster mit starken Emotionen.

Auch der Besuch des Baikalsees, dem tiefsten Süßwassersee der Erde, mit einer Tiefe von über 1500 Metern und einem Alter von mehr als 25 Millionen Jahren, ist äußerst empfehlenswert.

Baikalsee, ein Binnenwasser in Sibirien

Georgien, mit seiner Hauptstadt Tiflis und Armenien mit Jerewan, am Fuße des hochaufstrebenden Ararat, über fünftausend Meter hoch, waren weitere bemerkenswerte Eindrücke auf diesen Reisen. Am Fuße des in der Türkei liegenden Zwillingsberges, soll nach christlicher Überlieferung die Arche Noah angelandet sein.

Armenien gilt als das älteste christliche Land der Welt. Im Hotel sagte man uns, um den Ararat sehen zu können, muss man sehr zeitig am frühen Morgen aus dem Fenster schauen. Das taten wir. Aber von dem Berg war nichts zu sehen. Nebel lag über der Stadt und wir ahnten nicht, dass wir unsere Köpfe weit nach oben halten müssten, um diesen Gipfel sehen zu können. Aber dann hatten wir die richtige Stellung eingenommen und waren wie erschlagen bei Anblick dieses schneebedeckten Berges. Er fiel geradezu auf die Stadt Jerewan herunter, so nahe war er zu sehen. Ein Moment höchster Anspannung und ein unbeschreiblich schöner Anblick. Diesen Moment werde ich mein ganzes Leben nicht wieder vergessen, dachte ich, und es stimmt, ich erinnere mich noch heute sehr genau an dieses einmalige Erlebnis.

Der heilige Berg über Jerewan, es sind 2 Gipfel, der große und kleine Ararat.

Armenien, mit gerademal drei Millionen Einwohnern, die Hälfte wohnt allein in der Hauptstadt, ist christliches Zentrum und eine der ältesten Zivilisationen, mit vielen Steinzeithöhlen, Felsenklöstern und Kirchen. Viele Menschen sind ausgewandert, nach Kanada oder auch nach Deutschland. Sie kehren jedes Jahr

zurück und genießen einige Zeit im Jahr ihr Zusammengehörig-
keitsgefühl zu Menschen ihrer angestammten Heimat. Ebenso
erfährt man dieses Heimatgefühl in Georgien. Eine im Lande sehr
bekannte Schriftstellerin lud uns ein, sie zu besuchen. Sie war mit
Heinrich Böll befreundet und berichtete uns über ihre Begegnungen mit ihm. Wir haben Mund und Nase aufgesperrt und ihre
Erzählungen waren so beeindruckend und umwerfend zugleich,
dass wir ungezügelt an ihren Lippen hingen. Daneben gab es
einheimische Küche und wir spürten geradezu den Hauch von
Bölls imaginärer Anwesenheit. Eine unvergessliche Begegnung in
Armenien. Weiter nach Taschkent, eine mehr als 2 Millionen
Einwohner zählende große Stadt mit unzähligen Baudenkmälern
aus vergangenen Zeiten. Sie ist geprägt durch Kavanzereien und
liegt unweit von der legendären "Seidenstrasse". Sie besitzt eine
stark orientalische Ausstrahlung. Im legendären Basar erlebt man
unzählige Händler, Metallschmieden und Obstverkäufer. Ein
Wirrwar einheimischer Menschen, von Tieren und Touristen. Wer
nicht geführt wird, findet vermutlich den Ausgang nicht mehr.

Der Palast, die Barak-Chan-Medresse, wurde im 16. Jahrhundert erbaut und ist
heute ein Museum.

Eine römisch-katholische Kirche   daneben die Dschuma-Moschee

In ganz Usbekistan wird man vom Orientalismus überrascht, Samarkant und Shiva sind Städte, in denen man glaubt, dass dort die Welt in ihrer Entwicklung stehen geblieben ist. Eine sehr alte Kultur in alten Gemäuern. Zwar reich verziert und mit unzähligen farbigen Keramikplatten geschmückt, unterliegen die baulichen Relikte vergangener Zeit den Charme einer alten Epoche.

Zum Abschluss der Erinnerungen an viele meiner interessanten Reisen nun noch ein Highlight zur Perle des Nordens, dem zwischenzeitlichen Leningrad und dem heutigen, wie auch früheren, St. Petersburg. Eine Reise in der Zeit der Mitsommernächte, an die schönsten Plätze des "Peter des Großen", Zar von Russland, der von 1682-1725 lebte und sein Land in nur wenigen Jahren total umkrempelte, es durch zahlreiche Reformen erneuerte und es zur europäischen Großmacht formte. In diesem Kontex stehen auch die vielen Sehenswürdigkeiten, die allesamt auf die Bemühungen des Peter des Großen zurückgehen. Schätze der Lanschaftsgestaltung und Architektur, aber auch mit dem Vermächtnis des Beginns der Oktoberrevolution und der Erimetage, dem sehr bedeutensten Museum Russlands. Ebenso sehenswert ist das Puschkinmuseum der Moderne.

Schloss Peterhof am Rande von Petersburg, eine Sommerresidenz des Zaren.

Katharinenpalast

Reiterdenkmal Peter der Große   Blutskirche

Für einen Besuch in der Eremitage muss man als interressierter Kunstbeobachter mindestens eine Woche einplanen, um nur einen Teil des breiten Spektrums an Kunstgegenständen betrachten zu können. Hier gibt es alles, was man sich nur vorstellen kann. Von der Antike bis zur Neuzeit, man kann garnicht alles erfassen. In besonders übersichtlichen, goldverzierten Sälen erlebt man die ganze Bandbreite des menschlichen Schöpfertums und ist verwundert darüber, dass dieses alles Menschen gemacht haben sollen. Einfach unfassbar. Der Louvre und auch die Eremitage stehen gemeinsam in der Verantwortung für den Erhalt einzigartiger Kulturschätze der Menschheit. Der Besuch in diesen Museen der Superlative lässt uns erschaudern vor so viel Schönheit und Einmaligkeit. Bilder von Leonardo da Vinci, Goya, Murillo, Velazquez und El Creco sollen hier stellvertretend für die beeindruckende Vielzahl an Kunstwerken benannt werden. Für Liebhaber der Kunst lohnt sich ein Besuch in der Eremitage auf alle Fälle und damit bleiben tiefgründige Erinnerungen zurück.

Und damit schließe ich meiner Ausführungen zum Thema Bildungsreisen. Dabei habe ich viel gelernt und die Erkenntnis gesammelt, dass die Menschheit um jeden Preis diese Schätze der menschlichen Kultur, sowohl in der Kunst, als auch im bedingungslosen Miteinander, in jedem Fall bewahren sollte.

Zum Abschluss meiner Ausführungen in meinem Buch "Mein Leben in zwei Welten" wären noch Dinge zu erwähnen, die mich sehr stark berührt haben. Trotz des regulierten Umgangs der Menschen in Ostdeutschland und den einengenden Lebensumständen, erlebte ich dennoch hochkarätige Veranstaltungen und Auftritte sehr bekannter Interpreten. Da wären zum einen die vielen Besuche im BE, dem Berliner Ensemple, mit Helene Weigel und Mecki Messer Interpret Wolf Kaiser, dem Kreidekreis und andere Aufführungen. Aber auch Auftritte von Louis Armstrong, Hannes Wader und viele andere Künstler. Eine totale Abschottung war gewollt, aber nicht möglich, angesichts der vielen Kulturschaffenden und deren Anhänger, wäre dies nicht durchführbar gewesen. So konnten immer wieder bekannte Künstler aus dem Ausland auftreten, wodurch vermutlich ein Ventil für den sprichwörtlichen "Druck im Kessel" geöffnet wurde. Für uns begeisterte Anhänger kreativer Veranstaltungen, war dies die einzige Möglichkeit, über unseren eingeschänkten Tellerand hinaus zu blicken. Denn wir waren bis zur Wende weit entfernt von einem selbstbestimmten Leben. Hier endet der erste Teil meiner Erzählungen über die Stationen meines Lebens. Das Schauspielhaus in Karl-Marx-Stadt (Chemnitz), unter der Leitung des Intendanten, Hartwig Albiro, hat wie kein anderes, junge Schauspieler an das "Leben" auf der Bühne herangeführt. Unter seiner Leitung konnten sich viele Schauspieler, wie Ullrich Mühe ("Das Leben der anderen") und Horst Krause (Hotte) profilieren. Aufführungen, wie die "Linie 1", von der Westberliner Schauspielbühne, waren Veranstaltungen, die ihres Gleichen suchten. Auch eine Theateraufführung der "Sommergäste" von Maxim Gorki, wurde zu einer Manifestation des Miteinanders zwischen Ost und West. Die Westberliner Schaubühne, als

Ausrichterin der Veranstaltung, erlebte einen begeisterten Zuspruch von den über zwei Tausend Zuschauern der Stadthalle im Kongresszentrum der Stadt. Ein unvergessenes Erlebnis für alle Menschen des Landes, welche aus allen Richtungen angereist waren. Zwei Veranstaltungen sind mir in Erinnerung geblieben, zum einen das Niederländische Nationalballet und der große Auftritt des Grosenior des griechischen Tanzes und der Musik, Mikis Theodorakis, mit seinem Orchester und seinen beiden berühmten Interpreten Jannis Katsiras und Margarita Zorbala.

Mikis Theodorakis   Sadthalle im Kongresszentrum in Chemnitz

Leben nach der Übersiedlung

Heimisch fühlen, das ist ein großes Wort. Wir hatten unsere "Heimat" schweren Herzens verlassen. Haben Eltern und Freunde im "Stich" gelassen. Das war nur schwer zu verkraften. Es verging kein Tag, an dem wir nicht gehadert hätten. Aber was sollten wir machen ? Wir mussten den Blick nach "Vorn" richten und alles versuchen, wieder auf die Beine zu kommen. Es war ein ewiges Suchen nach dem richtigen Weg. Zum Glück gab es Menschen, welche uns Hilfe anboten und uns Wege aufzeichnen konnten.

Allein die vielen Behördengänge für unsere Anmeldungen verschlangen viel Zeit. Uns in dieser großen Stadt zurecht zu finden, war ein weiteres Problem, alles war ungewohnt und neu. Das Arbeitsamt empfahl mir, eine Weiterbildung zu einem Web-Designer wahrzunehmen. Das nahm ich an und so besuchte ich ein Ausbildungszentrum bei der Firma Simens-Nixdorf in Frankfurt. Fasst ein Jahr fuhr ich jeden Tag dorthin und wurde an uralten PC`s unterrichtet. Diese Ausbildung war für mich der Einstieg in die Welt des Computers. Hier lernte ich erstmals Schriften auf Papier zu bringen oder Darstellung zu entwickeln. Das war eine feine Sache. Dies gab mir die Möglichkeit, Entwürfe für Stühle und Tische sowie für andere Projekte darzustellen. Das half mir später bei der Suche nach geeigneten Aufgaben im Bereich Design und Grafik. Meine Vorstellungen über den Beruf als Gestalter musste ich korregieren und erweitern. Keinesfalls durfte ich mich festlegen, wenn es um artfremde Beschäftigungen ging. Jedes Angebot nahm ich an, fertigte Modelle für Architekten und arbeitete als Messebauer auf Ausstellungen.

Großes Gebäudemodell für ein Heidelberger Architekturbüro.

Aber nun wurde es auch Zeit, sich das zu gönnen, was ursprünglich zu diesem Wunsch geführt hatte, sich frei entscheiden zu können. Dieser Sehnsucht folgend, sind wir noch im ersten Jahr unserer Übersiedlung nach Zermatt gereist, um zu meinem "geliebten" Matterhorn zu gelangen. Bereits seit meiner Kindheit verfolgt mich dieser beeindruckende Gipfel, allerdings nur durch die Betrachtung einiger Fotos aus früherer Zeit.

Seilbahn auf das kleinere Matterhorn mit Blick auf die 4.478 m hohe Spitze

Mit dem Shuttle-Zug von Täsch nach Zermatt, vom Bahnhof weiter zu Fuß durch den wunderschönen Fachwerkort, und dann erblickten wir diesen gigantischen Gipfel. Es war umwerfend für mich, das erste mal in Freiheit vor dem "Sehnsuchtsgipfel" zu stehen und ihm so nahe zu sein. Einzigartig. Dann fuhren wir mit der Seilbahn auf den kleineren Gipfel des großen Matterhorns und hatten dort nach allen Seiten Ausblicke von unvergesslicher Schönheit. Eindrücke, die sich ewig in mein Gedächtnis eingeprägen sollten. Gern wäre ich einmal auf dieses Felsmassiv hinaufgestiegen, jedoch war mir dies später nicht mehr vergönnt. Dennoch möchte ich diese nachhaltigen Erfahrungen nicht missen und bin dankbar für die vielen unvergesslichen Eindrücke.

Noch ein anderes Ziel aus der Zeit der unereichbaren früheren Wünsche war Inhalt meiner Erkundungen. Die dänische Insel Mön konnten wir im Herbst nur von der Ostseeinsel Hiddensee sehen, besonders vom Leuchturm aus erblickte man die kreideweiße Steilküste mit bloßem Auge. In einer Entfernung von siebzig Kilometern sah man jede Schiffsbewegung zwischen Dänemark und Stralsund, aber besonders die Kreideküste begann förmlich zu leuchten. Deshalb war es mein großer Wunsch, sollte ich einmal die Gelegenheit bekommen, dort hin zu fahren, dann würden ich das unbedingt wahrnehmen. Und so kam es, daß ich meinen Vorsatz sehr bald realisieren und verwirklichen konnte.

Die Kreideküste der dänischen Insel Mön

Untergebracht in einer Jugendherberge, welche sich besonders auf die Bedürfnisse naturverbundener Gäste eingestellt hat, waren es für mich Tage der Rückbesinnung, aber auch der Freude.

143

Der Mauerfall und das Leben danach.

Am 9. November, wir waren gerade nach Hause gekommen, erreichte uns die Nachricht von der Maueröffnung in Berlin. Im Moment konnten wir es gar nicht fassen und riefen unsere Verwandten in Berlin an, um diese Nachricht bestätigt zu bekommen. Ja, es war passiert, die Mauer wurde durchlässig, Verwirrung und Freude überall. Zu Weihnachten sind wir wieder in den Osten gefahren, haben die Eltern, die Freunde und unsere Verwandten wieder in die Arme nehmen können. Es war aufregend und beglückend zugleich. Zu Silvester fuhren wir nach Berlin, in meine Geburtsstadt, und haben mit unseren Verwandten den Silvesterabend verbracht. Am Neujahrstag fuhren wir dann in die Innenstadt, an das Brandenburger Tor, Unter den Linden und zur Friedrichstraße. Vorbei am "Tränenpalast", dem legendären Grenzübergang nach Westberlin, und auch am Berliner Ensemble entlang zum Friedrichstadtpalast, dem Vergnügungstempel der DDR. Es war eine sprichwörtliche Reise in die Vergangenheit. Alles war noch so, wie wir es verlassen hatten. Aber am Silvesterabend wurde erst einmal richtig gefeiert, in Ost und West, am Brandenburger Tor. Ausgelassen ging es ins Neue Jahr 1989/90.

Silvester 1989 in Berlin am Brandenburger Tor

Am nächsten Tag versuchten wir nach Westberlin zu gelangen und fanden uns an einer Übergangsstelle ein, an der wir die Mauer durchschreiten würden. Eine Platte der Grenzbefestigung war herausgerissen und entfernt worden und sie diente so als kleine Übergangsstelle nach Westberlin. Grenzpolizei kontrollierte unsere Ausweise, dann konnten wir hindurch und auf Westberliner Territorium schreiten. Es war ein seltsames Gefühl für uns alle. Dort standen Busse bereit, um uns in die Innenstadt zu bringen, zur Gedächtniskirche, zum Bahnhof Zoo, und zum Kurfürstendamm. Alles war aufregend und beeindruckend zugleich.

Alte Gedächtniskirche mit Neubau vom Architekten Eiermann - Kudamm

Der Kudamm, so heißt dieser Boulevard im Sprachgebrauch, ist eine Vergnügungsmeile der Extraklasse, vergleichbar mit dem Champs Elysées in Paris. Eine Prachtstraße mit vielen Kaffees, Geschäften und Restaurants. Aber auch das "KaDeWe", das Kaufhaus des Westens, galt als die bedeutendste Einkaufsstätte des Westens. Der Bahnhof Zoo, als Knotenpunkt der S-Bahn und der U-Bahn, gilt auch als Treffpunkt vieler Menschen mit unterschiedlichen Lebensvorstellungen. Für die einen ein Kraftquell der Lebensfreude und für andere der persönliche Untergang. Westberlin war bis zur Maueröffnung eine Enklave im ostdeutschen Würgegriff und stets auf das Wohlwollen der Machthaber der DDR angewiesen. Als eine Blockade verfügt wurde, versorgten die Alleierten die Stadt durch eine Luftbrücke im Minutentakt. Aber nun war Aufbruchsstimmung angesagt, die Luft schien reiner zu werden und die Hoffnung auf bessere Zeiten war aller Orten zu spüren. Doch es gab auch Überraschungen bei der Bewältigung der ideologischen Altlasten. Manch einer, der sich zuvor noch als ein glühender Verfechter der DDR verstand, war nun plötzlich ein Widerständler des Systems gewesen. Selbst hohe Funktionäre des ehemaligen Parteiapparates meldeten ihren Anspruch auf ein ungeschorenes Weiterregieren an. Wir wurden von diesen mit dem Spruch: "Euch Querulanten lassen wir noch gehen, dann haben wir unsere Ruhe" verabschiedet und nun die glatte Kehrtwende ihrer Gesinnung! Von nun an waren sie alle Widerständler, hatten sich "stets" gegen den Staat "aufgelehnt", wie sie meinten und versuchten nun, ihren Anteil an der Unterdrückung der Menschen herunter zu spielen oder gar zu leugnen. Aber das war wohl zu allen Zeiten so gewesen, auch nach dem zweiten Weltkrieg gab es diese Phänomene in vielfältiger Weise.

In wiederholten Besuchen meiner Heimat konnte ich erleben, dass sich Freunde von mir am "runden Tisch", einem Zusammenschluss aufrechter Bürger, der Verantwortung gestellt haben. Sie besetzten die Chemnitzer Stasi-Zentrale auf dem Kaßberg und sicherten die gesamten Unterlagen in einem ehemaligen Bunker außerhalb der Stadt. Das Gebäude dieser Zentrale wurde für Besucher geöffnet und dies gab den Einblick frei in die Aktivitäten einer "Totalüberwachung". Uralte funktechnische Anlagen, veraltete Arbeitsplätze der Mitarbeiter des Sicherheitssystems, waren dort zu sehen. Alles wurde stehen gelassen und konnte nun besichtigt werden. Der Künstlerbund nutzte die Gelegenheit, sich hier zu präsentieren, indem er Ausstellungen von Künstlern installierte. Das war eine gute Sache und vor allem zog es viele Besucher an und sie nutzten die Gelegenheit, sich die Wirkungsstätte der Stasi anzusehen. Dank dieser Bewegung konnten die Bürger später die Überwachungsunterlagen einsehen, um Aufklärung darüber zu erlangen, ob und in welcher Weise sie bespitzelt wurden. Unzählige Bürger stellten Anträge auf Einsichtnahme in ihre Unterlagen und für einige gab es ein böses Erwachen. Viele informelle Mitarbeiter, sog. IM`s, waren unterwegs, um im Geheimen, Informationen an die Staatssicherheit zu liefern. Aus meinen persönlichen Unterlagen geht hervor, dass 13 IM`s über mich berichtet haben und mir eine antisozialistische Haltung assistierten. Das wäre ja nicht das schlimmste Verbrechen gewesen, stünden da nicht Anschuldigungen im Raum, die einer Überprüfung hätten nicht standhalten können. Man hatte mir unterstellte, ich hätte einen Panzer, Symbol der Befreiung als Mahnmal auf einem Sockel stehend, durch eine Sprengladung stark beschädigt, wodurch ich in den Kreis von Saboteuren eingereiht wurde. Dass dem nicht so war, konnte ich ebenso in den Geheimakten zu meinem Fall OV Form ersehen. In 13 dicken Ordnern finden sich unzählige Informationen über mein Leben, mein Wirken, meine Einstellung, meine Familie, meine Freunde und vieles andere mehr. Manche Dinge wusste ich schon gar nicht mehr und nun wurden meine Erinnerungen wieder wach gerüttelt. Aber das entscheidende ist, dass alle IM`s aus meinem persönlichen Bekanntenkreis stammten. Künstler und sogenannte Freunde, Geschäftspartner und nahestehende Menschen, waren der Meinung, man könnte der Stasi helfen, Licht in mein Profil zu bringen. Eine erschreckende Erkenntnis, da ich doch niemals meine Haltung hinter dem Berg gehalten habe und auch den Behörden gegenüber sehr offen und aufrichtig gewesen war. Aber das genügte dem Geheimdienst offensichtlich nicht, denn sie ordneten an, dass man mich und meine Familie rund um die Uhr beschatten und alle Informationen sammeln sollte. Eine spätere Begegnung mit zwei IM`s war aufschlussreich. Aber wie sollte man sich nun persönlich verhalten und mit diesen Erkenntnissen umzugehen ? Darauf habe ich bis heute keine Antwort. Doch eines weiß ich gewiss, dass ich nie wieder dauerhaft nach dort zurückkehren werde, zu tief sitzen die schlimmen Erinnerungen, aber noch gravierender wäre es, dass ich meinen Spähern in unerwarteten Augenblicken begegnen würde. Denn sie sind ja nicht verschwunden, bestenfalls untergetaucht und so müsste ich damit rechnen, mit ihnen konfrontiert zu werden. Bei Veranstaltungen beispielsweise oder anlässlich von Ausstellungen. Das würde ich nicht ertragen und so scheue ich mich fortan vor unfreiwilligen Begegnungen. Was ich allerdings später unter einem anderen Blickwinkel erfahren musste, war mir anfänglich nicht bewusst. Durch die Einheit der Nation entstanden Netzwerkverbindungen zwischen Ost und West, viele Funktionäre und Politiker des Westens siedelten sich in der ehemaligen DDR an, es entstanden Querverbindungen, Seilschaften und andere Kooperationen. Eine verdienstvolle Persönlichkeit ist Prof. Kurt Biedenkopf, als Ministerpräsident Sachsens. Er schaffte es, wie kein Zweiter, Intelligenz und Aufbruchsstimmung nach Dresden zu bringen, das Ergebnis ist verblüffend. Die alte Metropole an der Elbe erblühte wieder in alter Schönheit und ließ uns vergessen, was nach dem Bombenangriff der Alliierten im II. Weltkrieg übrig geblieben war. Als Glanzpunkt des Wiederaufbaus zählt die Frauenkirche, das Symbol barocker Baukunst und Beleg für den Neuanfang. Unübertroffen sind die Ansichten der Silhouette Dresdens, vom gegenüber liegenden Ufer, der Neustadt, aus gesehen. Ein einmaliger Anblick, ganz in der Tradition des Malers Canaletto, der wie kein anderer, das Leben und die Architektur in Dresden festgehalten hat. Seine bedeutenden Werke der Kunstgeschichte sind heute in der Gemäldegalerie "Alte Meister" zu sehen. Das Grüne Gewölbe, mit seinen einzigartigen Gemächern volle Schmuck und Goldschmiedearbeiten, bereichern diese einmalige Sammlung. Die Rüstkammer mit Rüstungen und Waffen vermittelt zudem noch wissenswerte Eindrücke über die vergangene Zeit des Mittelalters und des Barock. Der Venezianer Bernardo Bellotto, genannt Canaletto, zeichnete mit seinem großen Können die damalige Gegenwart im Leben der Menschen in Dresden auf.

Dresden Barockmetropole, gemalt vom dem Venezianer Canaletto um

Dresden heute mit wieder aufgebauter Frauenkirche

In einer großen Gemeinschaftsaktion, unter der Leitung von Ludwig Güttler an ihrer Spitze, wurde der berühmte Bau der Frauenkirche, mit der einmalig großen, freitragenden Kuppel, wieder aufgebaut. Dieses Gotteshaus wurde im II. Weltkrieg total zerstört und seine Ruine diente in der DDR als Mahnmal des Krieges. Dort finden heute bedeutende Konzerte in einem nach historischen Dokumenten nachgebildeten Konzerthaus statt. Restauratoren bemühten sich darum, dem Bau ein Gesicht zu geben.

Ruine der Frauenkirche jahrelang ein Symbol des Krieges   Wiederaufbau

In einem nationalen Kraftakt konnte die Frauenkirche wieder aufgebaut werden. Die Steine der Ruine wurden gerettet, gesichert, nummeriert und beim Aufbau wieder eingesetzt. Es war ein einziges Puzzle, dass es zu lösen galt. Als eine Geste der englischen Krone wurde das goldene Kreuz gestiftet. Seither verkörpert die Frauenkirche Vernichtung und Wiederaufbau in einem. Noch bis zum heutigen Tage werden Arbeiten des Wiederaufbaus am Schloss und an anderen historischen Bauten Dresdens durchgeführt. Eine Generationsaufgabe. Aber so wichtig in dieser Zeit. Als Regierungssitz für Sachsen, ist diese Stadt historisch gerüstet, sich dieser Aufgabe anzunehmen. Als die Entscheidung für den Regierungssitz zwischen Leipzig und Dresden anstand, waren es vermutlich auch die persönlichen Ansichten des künftigen Ministerpräsidenten, die zu einer Entscheidung für Dresden geführt haben. Aber alles ist gut ! Schließlich besitzt Dresden ein wunderbares kulturelles und biologisches Umfeld. Unweit in nördlicher Richtung befindet sich ein Kleinod der barocken Baukunst und der Gartengestaltung, das Sommerschloss Moritzburg. Die auf das gleichnamige Jagdschloss des 16. Jahrhunderts zurückgehende Moritzburg, erhielt im 18. Jhd. durch "August dem Starken" seine heutige Gestalt. Das berühmte Hengstgestüt bringt sehr viel Zuspruch, besonders bei den vielen begeisterten Pferdeverehrern. Öffentliche Paraden erfreuen begeisterte Besucher.

Schloss Moritzburg bei Dresden, Sommerresidenz August des Starken

Eine weitere grandiose Sehenswürdigkeit im Raum Dresden ist das Schloss Pillnitz. Die Anlage im Stil der Chinamode des 18. Jahrhunderts ist ein Kleinod barocker Baukunst.

Sommerresidenz Schloss Pillnitz an der Elbe mit einem barocken Lustgarten.

Dieses Schloss stammt aus dem 18. Jahrhundert und August der Starke ließ es ab 1720 im barocken Stil umbauen. Im Jahre 1721 wurde dieses, am Elbufer liegende Wasserpalais, fertiggestellt. Es ist heute ein Magnet für Besucher und Touristen. Bemerkenswert sind die Außenanlagen mit dem Gewächshaus für den uralten Kamelienbaum. Der große Schlossgarten in Form englischer und chinesischer Gartenarchitektur ist besonders einzigartig.

Diese zwei wundervollen Beispiele barocker Baukunst aus der Zeit des **August dem Starken**, König von Sachsen und später von Polen, vermitteln uns traditionelle Besonderheiten aus dieser Zeit und sie geben uns die Gewissheit einer lang anhaltenden Traditionspflege. Durch die Erhaltung unzähliger Kulturgüter werden wertvolle Überlieferungen bewahrt, welche zum kulturelle Reichtum des Landes beitragen. In unzähligen Museen können Kunstwerke besichtigt werden, die ihres Gleichen suchen.

Friedrich August II, als König von Sachsen und späterer polnischer König.

Dresdens Umfeld ist voller kultureller Überraschungen. In Radebeul beispielsweise, befindet sich ein kleines Museum eines sehr berühmten Schriftstellers, "Karl May". Der 1828 geborene Karl Friedrich May schrieb unzählige Abenteuerromane, u.a. die vielen Romanserien von Winnetou bis Old-Shatterhand und weitere Reiseerzählungen. Als Kinder haben wir diese Romane verschlungen, auch wurden viele Filme darüber gedreht. Noch heute werden die Stoffe auf Freilichtbühnen, wie in Bad Segeberg, aufgeführt. Auch wurden seine Bücher weltweit verlegt und sie erfreuen sich einer langanhaltenden Beliebtheit. Dass Karl May niemals in den Orten seiner Buchbeschreibungen war, stört niemanden.

Karl May Porträt und in Old-Shatterhand-Pose   als großer Schriftsteller

Zweite berufliche Schaffensperiode

Nach unserer Übersiedlung in den Westen begann nun meine 2. Schaffensperiode. Zu Ende war die zehnjährige unfreiwilliger Abstinenz durch das verordnete Berufsverbot für freischaffende Designer in der DDR. Doch für ein Rentnerdasein war ich mit 50 Jahren noch zu jung, meine vielen Bewerbungen liefen ins Leere, also musste ich mir etwas einfallen lassen, was ich beruflich machen könnte. Als Designer war es zunächst ein schwieriges Unterfangen, Aufträge zu bekommen. Also musste ich versuchen, zunächst bei einigen Designbüros auszuhelfen. So fuhr ich in den Raum Stuttgart, um dort ein Jahr lang Modelle zu bauen und Zeichnungen anzufertigen. Das Gleiche bei einem Designbüro in Darmstadt, wo ich Foto-Hintergründe fertigte, diese präparierte sowie auch andere Gelegenheitsarbeiten durchführte.

Meine erste Anlaufstelle in Heidelberg bei einem Möbeldesigner verhalf mir zu einem geregelten Einkommen auf Stundenbasis. Da ich auch hier nur Zeichnungen und Modelle erarbeiten konnte, bekam ich kein Honorar für kreative Leitungen. Als der Inhaber des Designbüros nach Portugal verzog, wandte ich mich an mehrere Firmen und fragte nach, ob ich mich dort vorstellen dürfte. Ein Interesse an meiner Arbeit erhielt ich von einer sehr soliden, dem Fortschritt zugewandten Firma im österreichischen Burgenland. Es war eine lange Fahrt dorthin, vorbei an Wien und Wiener-Neustadt, 980 km am Stück, aber ich brannte darauf, einmal wieder gestalten zu können. In einer Pension des Ortes gab es zum Abendbrot Wiener Schnitzel, ein Schmaus nach so vielen Kilometern. Und das herrliche Wiener Bier, ein Genuss sondergleichen. Am nächsten Tag erschien ich in der Firma und es kam mir ein eleganter, groß gewachsener Herr entgegen und meinte "Grüß Gott Herr Hartmann". Es war der Inhaber der Firma, Herr Gneis. Er lud mich zum Frühstück auf eine der vielen Burgen ein. Ich kann kaum beschreiben, was ich dabei empfunden habe. Die ganze Last fiel von mir ab, die quälenden 10 Jahre der Ausgrenzung und des Aufbäumens gegen dieses System der Unterdrückung, der Verfolgung, der Erniedrigung und der Entmündigung. In diesem Moment erinnerte ich mich wieder daran und war gerührt, dass ich wieder eine Chance bekommen sollte, in meinem geliebten Beruf arbeiten zu können. Dann kam es zu einer Betriebsbesichtigung, geführt vom Firmenchef selbst. Später in seinem Büro, bekam ich eine Einführung in die Betriebsstruktur und über die künftigen Vorhaben der Firma. Das hatte ich in meiner beruflichen Laufbahn noch nicht erlebt. Eine solche Offenheit und Zugewandtheit, das war nicht von "dieser Welt". Alles stimmte, die Bewirtung, der respektvolle Umgang miteinander und die Freundlichkeit im Gespräch, so etwas hatte ich mir immer gewünscht. Aber nun wurde mir eröffnet, dass ich mir Gedanken über neue Modelle, insbesondere im Sitzmöbelbereich, machen sollte. Die Firma war mit allen Techniken ausgestattet, um anspruchsvolle Entwürfe umsetzen und herstellen zu können. Danach ging es wieder nach Hause, die kommenden Wochen waren nun ausgefüllt mit der Erarbeitung verschiedener Entwürfe und der Anfertigung kleiner Modelle. Mit Modellfotos und diversen Entwurfsmappen unterbreitete ich meine Vorstellungen und traf dabei auf eine einhellige Zustimmung der Firmenleitung. Damit war der Grundstein für eine langjährige, erfolgreiche Zusammenarbeit gelegt. Welch ein Glück für mich !

Mein erstes Stuhlmodell, selbst fotografiert für die Werbung

Möbelserien in serieller Ausführung

Ich selbst konnte es kaum fassen, dass ich nach dieser langen Zeit wieder aktiv sein könnte und das in meinem angestammten Beruf. Daneben ergaben sich noch weitere Herausforderungen im gestalterischen Sinne. Für den Bereich "Kunst am Bau" beteiligte ich mich an Wettbewerben und konnte verschieden Ausschreibungen realisieren. Unter anderem eine acht Meter hohe Stahlskulptur für die Landesfinanzschule im sächsischen Freiberg. Dies waren große Herausforderungen für mich als Gestalter, aber auch für die ausführende Firma. Zunächst musste ein naturgetreues Modell erstellt werden, um mit diesem die Lage und den Standort bestimmen zu können. Danach wurde die Skulptur in einem metallverarbeitenden Betrieb hergestellt und nach ihrer Fertigstellung vor dem Eingang der Schule aufgestellt.

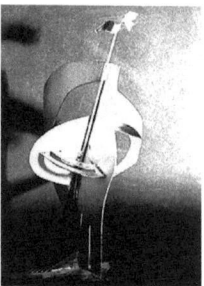

Objektkunst "Plastik im Freien" für die Finanzschule Freiberg   Entwurf 1998

Glaswasserbrunnen für ein Krankenhaus - Raumgestaltung für eine Boutique

Auch lernte ich das Töpfern an der Drehscheibe und das Bemalen und Glasieren der Gefäße. Nach dem Brennen bei 1200 Grad waren die Gefäße fertig und man konnte sich daran erfreuen.

Keramik-Gefäße und Plastiken in einer Ausstellung

Weitere Bereiche meines schöpferischen Schaffens sind grafische Arbeiten mit Kohle und Tusche sowie das Malen mit Öl-, Acryl- und Aquarellfarben. Besonders das Eintauchen in die Natur hat es mir angetan. So brachte ich meine Empfindungen und Sichtweisen zu Papier, welche das Gesehene unmittelbar ausdrücken.

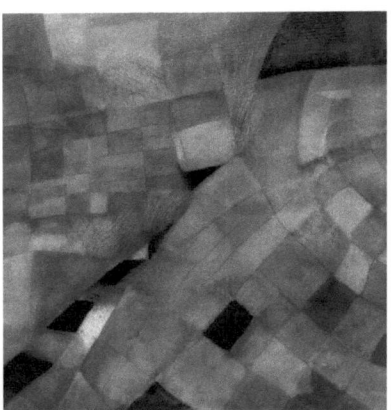

Ölbilder 1x1 m farbig aus dem Jahre 2004 und 2012

Früher galten in der Kunst feste Regeln, wonach gemalt oder geformt wurde. Die großen Meister der Malerei hatten nur Pinsel, Stifte und Ölfarben, um Porträts und Landschaften festhalten zu können. Seit dem Expressionismus haben sich die Grenzen aufgelöst, so dass nun experimentiert werden konnte. Dabei hat sich die Sicht auf die Kunstwerke verändert. Alles ist nun möglich geworden und vieles davon wird geradezu begeistert aufgenom-

157

men. Weg vom fotografischen Realismus und hin zur experimentellen und freien Kunstausübung. Das ist das Credo der Kunst des 20. Jahrhunderts. Eine neue kulturelle Epoche hatte begonnen. In diesem Spannungsfeld bewegen sich auch meine künstlerischen Darstellungen. Mir sind festgefügte Auffassungen nicht zu eigen, vielmehr versuche ich, die ganze Bandbreite meiner Möglichkeiten auszuschöpfen. Aus diesem Grund kann man hier nicht von einer "typischen Handschrift" sprechen, sondern sie ist Ausdruck meiner persönlichen Entwicklung. Es sind Versuche, meinen Empfindungen und Gefühlen freien Lauf zu lassen, um den visuellen Eindrücken eine Gestalt zu geben. Die Suche nach "meinen" Ausdrucks- und Darstellungsformen begleiten mich schon seit frühester Kindheit. Dabei ist es mir wichtig, in meinen Bildern Momente festzuhalten, die mich bewegen und von denen ich eine Vision entwickeln kann. Besonders hier spielen die unterschiedlichsten Techniken, wie Ölmalerei, Acryl- und Tuschedarstellungen sowie die Aquarellmalerei eine große Rolle, da sie meiner Handschrift und den verschiedenen Ausdrucksmöglichkeiten ein breites Spektrum für die Anwendung bieten. So sind Bilder entstanden, welche in sehr unterschiedlichen Strukturen persönliche Eindrücke und Empfindungen wiedergeben. Dieses für mich zu erspüren, ist mein großes Interesse an der Kunstausübung.

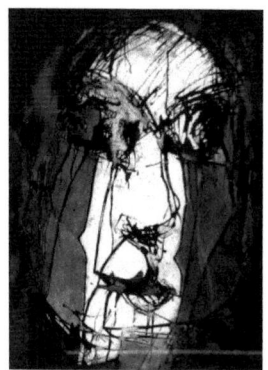  

Tuschearbeiten - Porträt   weiblicher Akt   männlicher Akt

Die Welt erkunden.

Neben der beruflichen Betätigung als Designer und Kunstschaffender, galt mein besonderes Interesse an der Erkundung der Welt, natürlich in erreichbaren Grenzen. Zunächst wollte ich Reisen nicht planen müssen, weshalb ich vorerst im europäischen Raum unterwegs war. Mit dem Auto nach Italien, vorbei am Gardasee, Verona, Toskana und weiter nach Rom und Neapel, waren für mich anspruchsvolle Ziele dieser Reisen. Besonders der Vesuv, dem Schicksalsberg am Golf von Neapel, war Anlass genug dafür. In früheren Jahren habe ich das Buch "Die letzte Tage von Pompeji", von Edward Bulwer-Lytten, gelesen und die Geschichten darin zogen mich in ihren Bann. Der Ausbruch dieses Vulkans und die Verschüttung des Ortes der Ausschweifungen und der Zügellosigkeit, Pompeji, war eine große Erschütterung in dieser Region. Diesen Geschehnissen nachzuspüren, galt mein besonderes Interesse. So näherte ich mich diesem Gipfel an und mit schnellen Schritten ging es hinauf zum Krater, denn ich konnte es kaum erwarten, in den Schund hinein zu schauen. Dann war es geschafft, ich stand am Kraterrand und sah das riesige Loch im Bergmassiv. Aus verschiedenen Gesteinsspalten im Inneren des Kraters drangen noch immer weiße Dampfwolken heraus und verflüchtigten sich nach oben. Ein magischer und geheimnisvoller Anblick. Beim Hinuntergehen musste man an einem großen Feld erstarrter Lavamassen vorbei gehen, welche sich dunkelgrau und mit bewegten Oberflächen von der Umgebung abhoben. Pompeji, in direkter Nähe des Vulkans, war früher ein Ort des Vergnügens und der Ausschweifungen, der Feste und der Intrigen. Im Jahre 79 n. Chr. brach der Vulkan aus und begrub mit seinem Ascheregen und den Lavamassen die umliegenden Orte Pompeji und Herculaneum. Viele Bewohner kamen ums Leben, oder mussten fliehen. Heute kann man nur noch die Ruinen betrachten und entdeckt dabei sehr berührende Wandmalereien. Aber auch alte Thermen, Bäder und Saunen vergangener Zeit, kann man entdecken. Im 18. Jahrhundert begannen Archäologen den verschüttenden Ort freizulegen und diesen für die Öffentlichkeit zu öffnen. Seither kann man die vielen noch erhaltenen Fresken und Wandmalereien besichtigen und entdeckt dabei immer wieder Versteinerungen von menschlichen Körpern und historischen Säulen und Balustraden. Das große Areal dieser ehemaligen Stadt ist mit weiträumigen und freigelegten Gebäuderuinen überseht, welche die Besucher in Erstaunen versetzen.

Der Vesuv aus der Vogelperspektive

Der tiefe Schlund des Vesuv - noch immer ein wenig aktiv

Der Blick in den Schlund des Vulkans vom Kraterrand ist atemberaubend. In einem steilen Aufstieg auf sandigem Boden erreicht man die Kante des Vesuv und ist fasziniert von diesem Anblick.

Einblicke von den Überresten Pompeji`s, von Staub und Lava befreit

Weiter ging es zu dem **Tarot-Park der Nicki de Saint Phalle** in Cabalbio, unweit von Rom. Unnachahmliche Skulpturen mit einer magischen Anziehungskraft waren zu erwarten und in der Tat, unzählige großformatige Figuren reihen sich aneinander, eine wahre Pracht für die Sinne und der Verführung von Empfindungen. Unzählige bunt farbige Plastiken, teils begehbar und auch unbegehbar, laden ein zum Verweilen, Staunen und Amüsieren.

Bewegte Mobile von Jean Tinguely

Die buntfarbigen Nana-Figuren der Niki de Saint Phalle im Tarot-Park bei Rom

Die französisch-schweizerische Malerin und Bildhauerin der Moderne, bekannt durch die Nana-Figuren in Hannover, verbrachte zeitlebens damit, an den unzähligen, übergroßen Figuren, besonders für den Tarot-Park bei Rom, zu arbeiten. Ein einmaliges Lebenswerk mit einer markanten Formensprache. Auf der Rückfahrt wurden noch die Städte der Toskana, Siena und Lucca, aber auch Florenz, Pisa, Verona und San Gimignano, besucht.

David (Michelangelo)

Die Skulptur des David von **Michelangelo** und die Plastik von Kain und Abel schmücken den Platz vor dem Palazzo Veccio in Florenz. Der David ist ein Kunstwerk aus der Hoch- und Spät-Renaissance und zählt zu den bedeutendsten Kunstwerken dieser Zeit. Er wurde um 1503 von Michelangelo geschaffen.

San Gimignano, ein geheimnisvoller Ort mit vielen Wehrtürmen, erbaut im 13. Jahrhundert und als Weltkulturerbe der UNESCO eingestuft, ist mit vielen Legenden umwoben, welche durch Feten verfeindeter Familien einhergeht. In diese Türme konnten sich die Familienclans retten, um sich vor Überfällen zu schützen. Die Auseinandersetzungen zwischen den verfeindeten Gruppen waren oft tödlich und es bedurfte eines besonderen Schutzes.

Weiter nach **Pisa**, der Stadt mit dem schiefen Turm aus dem Mittelalter. Bereits der Anblick dieses fragilen Bauwerkes lässt ein ungutes Gefühl aufkommen, so schief und instabil erscheint dieser. Trotzdem können ihn Besucher begehen und auf den äußeren Ringen entlang laufen. Allerdings wurde der Turm zuvor durch entsprechende Baumaßnahmen stabilisiert und gesichert.

Der schiefe Turm von Pisa und der Campanile des Domes der Stadt

Eine weitere Sehenswürdigkeit stellt die Stadt **Siena** dar. Berühmt durch ihre Reiterfestspiele und den fahnenschwingenden Komparsen in ihren mittelalterlichen Gewändern, erlebt man hier die ganze Schönheit der Toskana. Auf dem zentralen Platz sitzend, ist man beeindruckt von der Architektur, welche ringsherum angeordnet ist. Hier trifft das Mittelalter auf Menschen der

Neuzeit, welche bummelnd auf dem einzigartigen Platz spazieren gehen. Ein Moment des Innehaltens und der Besinnung. Zu den Reiterfestspielen wird der Platz mit Sand gefüllt, um den Pferden einen sicheren Halt zu geben. Es ist eine Ehre der Toskaner, an diesem Fest teilzunehmen und der Sieger bekommt einen Orden als Campions. Wir selbst haben den Wettkampf der Reiter leider nicht erlebt, aber die Zeremonie für den Sieger und sein Pferd. Der ganze Ort war auf den Beinen und begleite das siegreiche Reiterpaar durch die Stadt. Für alle ein besonderer Moment und ebenso ein Spektakel der besonderen Art in diesem Ort.

Der Sieger des Reiterrennens mit seinem Pferd präsentiert sich in der Stadt

Siena - Stadtansicht mit dem Kampanile

Pferderennen und Fahnenschwingen - eine traditionsreiche Veranstaltung

Runde um Runde kämpfen Reiter und Pferd um den Sieg als bestes Reiterpaar der Saison. Und das verlangt viel reiterliches Können, was nur von wenigen Menschen der Region beherrscht wird.

Ein weiterer Höhepunkt ist der Besuch der bedeutenden, venezianischen Stadt **Venedig.** Diese auf Millionen von Holzpfählen erbaute mittelalterliche Stadt in der Lagune ist ein einzigartiges Museum und zugleich auch UNESCO-Welterbe.

Markusturm (Campanile) und Dogenpalast

Venedig erschließt sich bevorzugt über die Plaza San Marko, vorbei am Dogenpalast und dem Markusturm hin zum großen Markusplatz, dem Zentrum Venedigs. Ein Verweilen in einem der vielen Kaffees, meist mit Life Musik, ist nahezu Pflicht. Der Blick richtet sich auf den Markusdom, einem üppigen Renaissancebau aus dem Jahre 1094. Eines der schönsten und reich geschmücktesten Kirchenbauten auf diesem Planeten.

Markusplatz und Basilika San Marco (oben)

Venedig ist Austragungsort der Filmfestspiele, zumeist auf dem Lido, einer vorgelagerten Insel sowie ebenso der Kunst-Biennale im alten Arsenal, einer Schiffswerft für die damalige Kriegsflotte. In alten Schiffsbauhallen erstrecken sich unzählige Räume, welche für die Ausstellungsobjekte genutzt werden. Auch in Venedig selbst können Kunstwerke aus allen Ländern bewundert werden.

Raumkunst und Malerei

Die Biennale ist eines der weltweit größten Events, Besucher aus der ganzen Welt besuchen diese, verschiedene Länder haben eigene Pavillons, so auch Germany mit einer eigenen Präsentation. Ein besonderes Spektakel am Himmelfahrtstag findet alljährlich aus Anlass der Verehrung für den Dogen in Venedig statt.

Der Doge von Venedig im Prachtgewand anlässlich des Festes der Ruderer.

Viele Venezianer sind unterwegs, um diesem Schauspiel beizuwohnen. In historischen Booten wird auf dem Wasser gerudert.

168

Venezianer in historischen Gewändern

Hauptportal mit Skulpturen vor dem Arsenal

Ein weiterer Höhepunkt Venedigs ist der alljährliche Karneval. Mit außergewöhnlichen Masken und Verkleidungen präsentieren sich Besucher und Einheimische in diesen Tagen und schaffen somit eine skurrile und geheimnisvolle Atmosphäre. Von überall her kommen Menschen zusammen und begehen diese Tage mit ihrem bemerkenswerten Outfits in der Lagune. Venedig steht Kopf, jeder möchte dabei sein, um das Fest ausgiebig zu begehen.

Wer jedoch die historische Geschichte dieser Stadt und ihres Umfeldes erfassen möchte, ist gut beraten, sich einmal den Dogenpalast anzusehen, um zu verstehen, mit welcher Mühsal die Venezianer dieses Eiland aufgebaut haben und vor allem verteidigen mussten. Zunächst waren es unzählige sumpfige Inseln, welche durch Brücken miteinander verbunden worden sind. Bewohner Venetiens flüchteten um 450 n. Chr. auf die Laguneninseln und bauten dort auf tausenden Holzstämmen, die sie in das Erdreich hinein schlugen, ihre neue Stadt. Ein waghalsiges, aus der Not heraus geborenes Unterfangen. Seit dem 8. Jahrhundert wurde Venedig zur Seemacht. Unter Führung der Dogen, Oberhäupter des Stadtstaates, welche durch den "Rat der Weisen" gewählt wurden, entstand im 11. Jahrhundert eine unabhängige Stadtrepublik . Von hier aus operierten unzählige Schiffe an den Küsten entlang und unterwarfen Istrien und Dalmatien, was zur Erweiterung ihres "Kolonialreiches" führte. Eine beispiellose Epoche der Machteroberung folgte und wurde durch die Kreuzfahrer um 1200 noch vertieft. Venedig besaß eine sehr große Kriegsflotte, die aber nicht verhindern konnte, dass die Stadt von den Türken eingenommen wurde. In dem hin und her der Besatzungen zwischen der Türkei, Frankreich und Österreich, gehört sie seit 1866 zu Italien, was heute noch so ist. Der Canal Grande ist die längste und breiteste Wasserstraße durch Venedig. Hier werden Güter aller Art, aber auch Touristen, befördert, da es keine Möglichkeit gibt, anderweitig durch die Stadt zu gelangen, es sei denn zu Fuß. Deshalb ist dort die Luft einzigartig gut, sie ist nicht verpestet und eingetrübt. Aus dem 9. Jahrhundert stammt der Markusplatz mit dem gleichnamigen Dom am Anfang, bzw. am Ende des Platzes. Eines der berühmtesten Bauwerke Venedigs ist die Realtobrücke. Sie überspannt den Canal Grande und ist eine belebte und überbaute Verbindung zwischen beiden Seiten des Wassers. Venedigs Innenstadt lebt vom Tourismus, dort präsentieren Händler ihre Waren und in den Geschäften ihren Schmuck.

Tagelang, ja sogar wochenlang, kann man durch diese Stadt flanieren und wandern und dabei nur ein Teil der unzähligen Schätze entdecken. Wohin das Auge blickt, man wird gar nicht satt von dem Gesehenen. An den Ufern des Canal Grande befinden sich

Die Rialtobrücke (Ponte di Rialto) - ein Wahrzeichen Venedigs

unzählige Restaurants und Kaffees und von ihnen aus kann man in aller Ruhe das Treiben auf dem Wasser beobachten. Dabei fällt eine rege Geschäftstüchtigkeit auf, vorbei an Patrizierhäusern, welche sich durch den Fassadenreichtum voneinander abheben. Es galt damals als schicklich, seinen Reichtum und seine Position in der Stadt zu zeigen. Die Villen konnte man fast ausschließlich nur vom Wasser aus betreten, weshalb auch die vielen Gondeln entstanden sind. Eine motorisierte Flotte gab es damals nicht. Heute werden auf dem Wasserweg Baumaterialien und Gepäckstücke sowie Touristen per Wassertaxi transportiert und man fragt sich, wie der Canal Grande das wohl alles aushält? Besonders bei Hochwasser ist sehr oft "Land unter", was die Venezianer nicht weiter erschüttert, denn das Wasser geht auch wieder zurück und so behilft man sich zuweilen mit erhöhten Laufstegen.

Canal Grande - eine Verkehrsstraße auf dem Wasser

Murano ist eine Inselgruppe in der Lagune von Venedig. Zu erreichen mit dem Schiff, welches hin und her pendelt. Dort befinden sich unzählige Glasbläserwerkstätten, in denen Überfanggläser für unterschiedliche Anwendungen hergestellt werden. Selbst nach Las Vegas eilte dieser Ruf voraus, dort installierte man Deckenbereiche mit diesen farbigen Glasformen. Ebenso eine gläserne Schokoladenmaschine mit durchsichtigen Röhren und kippenden Glasschalen aus Murano, wurde dort zur Attraktion. Hierin liegt die Wiege der europäischen Glasherstellung. In der Renaissance entwickelte sich diese Technik des Überfanges, wodurch einfache, durchsichtige Gläser überfangen werden durch farbige Auflagen mit einer dünnen Glasschicht. Eine Meisterschaft in der Glasherstellung, alles wurde mit dem Mund geblasen, frei geformt oder in Holzformen eingearbeitet. Unverkennbar diese farbigen Überfanggläser, welche als Vasen, Leuchten, Figuren und Verkleidungen begehrt sind. Davon befinden sich viele Deckenelemente, teils beleuchtet, u.a. auch in Las Vegas.

Mit Holzlöffel und Pfeife werden Holkörper geblasen.

Wieder zurück auf der Hauptinsel von Venedig und hinein in das Getümmel der Menschenmassen. Mit den kleinen Linienschiffen geht es von Station zu Station, entlang der Patrizier Villen, den Parks und den ufernahen Gassen und Kanälen. Ab und zu stößt man auf Kultureinrichtungen, in denen kleinere Konzerte stattfinden, zumeist mit Vivaldi und Werke der Renaissance. Eine willkommene Gelegenheit, Sinnliches mit Informatives zu verbinden. Mit großer Virtuosität spielen dort viele virtuose Künstler.

Denkmalspflege und Konservierung sind fester Bestandteil von Venedig.

Eine ganz andere Erfahrung habe ich auf Reisen nach **Peru** und den **USA** machen können. Nach einem sehr langen Flug erreicht man den Kontinent und betritt diesen mit großen Erwartungen und einer besonderen Neugier auf die zu erwartenden Eindrücke.

Die **Reise nach Peru,** zu den alten Inka-Städten der vergangenen Zeit, wurde zum einmalige Erlebnis. Angekommen in Lima, der Hauptstadt Perus, fuhren wir an der Pazifikküste entlang zu den Sehenswürdigkeiten der Inka-Epoche. Höhepunkt auf dieser Reise war ein Besuch der alten Ansiedelung hoch oben im Anden-Gebirge. Unterwegs sahen wir bereits verschiedene Inka-Relikte aus vergangener Zeit, Steinmauern und Raumgliederungen. Von Cusco aus, der früheren Hauptstadt des Inka-Reiches, ging es mit dem Inka-Trail durch urwaldähnliche Gegenden, mit Lianen in den Bäumen, zum Ausgangsort für das Abenteuer **Machu Picchu.** In der Bahnstation angekommen, bestiegen wir einen Bus, der uns zum Gipfel am Eingang des Areals brachte. Nach wenigen Schritten erblickten wir das Ausgrabungsfeld und entdeckten viele Hausruinen, Steinumgrenzungen, Mauern, Opfersteine und vieles mehr. Beliebt bei Touristen ist es ebenfalls auf einem Inka-Pfad zu wandern, um nach tagelangem Fußmarsch auch dort anzukommen. Der einmalige Anblick auf die Anlage entschädigt jegliche Anstrengungen. Es sind Momente des Staunens und der Bewunderung über diese Schönheit im Hochland der Anden.

Inka-Trail Bahn auf dem Weg zur Inka-Stadt Machu Picchu.

Auf der Fahrt dorthin, begegneten wir vielen Menschen, besonders Frauen mit ihren Kindern, welche Souvenirs und selbstgefertigte Handarbeiten, wie Handschuhe, Schals und andere schöne Dinge in leuchteten Farben und Mustern anboten.

Die Inkastätte in den Anden , im 15. Jahrhundert erbaut.

In 2.400 Meter Höhe errichteten die Inkas ihre Wohnsiedlung, um vor Feinden geschützt zu sein und ihr Leben in dieser Höhe verbringen zu können. Nur durch Zufall wurden die Ruinen dieser Geisterstadt entdeckt. Archäologische Teams stießen auf Fragmente dieser einmaligen Siedlung, welche in ihrer Blütezeit mehr als 1000 Menschen beherbergte. Das war um 1450. Was beeindruckend ist, dass alle Steinriesen dieser Zeit millimetergenau auf Maß gebracht und sogar poliert wurden, um beim Stapeln genaueste Übereinstimmung mit anderen Blöcken zu erreichen. Damit konnte auf jeglichen Kleber oder Mörtel zwischen den Steinen verzichtet werden. Jede Fläche oder Kante stimmt mit denen der anderen überein. Einfach genial und das in einer Zeit, in der nur einfache Werkzeuge vorhanden waren. Damit konnten ganze Steinwälle und Umfriedungen geschaffen werden. Uns wurde berichtet, dass für diese Arbeiten ganze Familie in dieser Region angesiedelt wurden, damit die Männer die Steinarbeiten ausführen konnten. Logistik war damals großgeschrieben.

Absolute Maßarbeit - millimetergenaue Steinmetzarbeiten

Die Pässe in den Anden können bis auf 5 Tausend Meter hinaufgehen, selbst ein Bus kommt da ins Schwitzen. Beim Ausstieg überkam uns ein besonderes Schwindelgefühl und wir brauchten einige Zeit, um uns wieder zu akklimatisieren. Dabei erblickten wir die schneebedeckten Gipfel der Anden und waren ganz überrascht, dass es die Siebentausender wären. Das hatten wir nicht vermutet, aber wir waren ja selbst schon auf über viertausend Meter hoch. So hatten wir nicht den Eindruck der großen Höhe. Dennoch, der Anblick war für uns alle sehr beeindruckend. Auch hier fanden sich einheimische Frauen und Kinder ein, welche uns wunderschöne, bunte Handarbeiten anboten. In verschiedenen Orten entdeckten wir weitere Relikte aus der Inka-Zeit. Und überall die passgenaue Übereinstimmung zwischen den Steinquadern bei den massiven Mauern und Umfriedungen. Wir hatten den Eindruck eines friedlichen Zusammenlebens der Bewohner auf dem Lande, wie auch in der Stadt. Auf dem Land bewohnen sie kleine Hütten, besaßen Lamas und bestellten ihre Felder.

Auf Passhöhe von 4.335 Metern erwarteten uns Peruanerinnen mit ihren Kindern, um ihre bunten Strickarbeiten anzubieten.

Kinder mit Lama und schöner bunter Kleidung

Was auffällt, ist die Bescheidenheit der Menschen des Andenlandes. Als neugierig und sehr freundlich erlebt man diese kleinen Peruaner. Die Frauen tragen auffällige Hüte und weite farbige Röcke. Selbst Kinder werden geschmückt und sie helfen mit, das ganze Leben der Gemeinschaft im Gleichgewicht zu halten.

Die Frauen beherrschen die täglichen Erledigungen, die Männer die Feldarbeit

In der **Hauptstadt Lima** sieht es jedoch ganz anders aus. Man spürt kaum einen Unterschied zu anderen Metropolen. Einkaufszentren, Hotels, Museen und Stadien sind ebenso vorhanden, wie unzählige PKWs, Busse und Taxen. Nicht zu vergleichen mit den ländlichen Strukturen. In **Cusco**, der ehemaligen Inka-Hauptstadt, trifft man auf eine spanische Kolonialarchitektur und muss feststellen, dass noch heute dem Eroberer ihres Landes, dem Spanier Francisco Pizarro, alle Ehre durch die Bevölkerung zuteilwird.

Erinnerungstafel Pizarro`s in der Jesuitenkirche von Cusco   Peruanerin

Größer kann der Kontrast nicht sein. Eine moderne Großstadt Lima und das ländliche Leben in den Anden. Eine friedliche Koexistenz zwischen der Moderne und dem Leben auf dem Lande. Aber immer wieder stößt man auf die Vergangenheit der Inka-Epoche mit seinen steinernen Relikten. Peru, als drittgrößtes Land Südamerikas, besitzt sensationelle prähistorische Funde und Ausgrabungen, wie die beeindruckenden Nazca-Linien, einem Weltkulturerbe. Sie sind riesengroße "Scharrbilder", eingebracht in die Wüste von Nazca und Palpa. Maria Reiche verbrachte ihr ganzes Leben in dieser Region und erforschte diese unbekannten Linien im Erdsand. Besonders gut lassen sich diese einmaligen bildhaften Erscheinungen von einem Kleinflugzeug aus großer Höhe betrachten.

Der Besichtigungsturm "Maria Reiche" und ein Ausschnitt von den Ritzungen.

Die Reise nach Peru gehört zu meinen beeindrucktesten Erlebnissen. Dazu gehört ebenfalls der Besuch des Titicacasee. Dieser liegt auf einer Höhe von 3.800 Metern und ist das höchstgelegene, schiffbare Gewässer. Schilfinseln, von Menschenhand geformt, vermitteln den Touristen das Leben und die Beschäftigungsmöglichkeiten auf den Schilfteppichen. Ganze Familien leben auf diesen Inseln und knüpfen Bastballen zu Wohnhütten und Plattformen. Eine sehr wackelige Angelegenheit, auch für uns Besucher. Aber nach kurzer Zeit gewöhnten wir uns an den weichen Untergrund der Schilfbahnen und erlebten in besonderer Weise die Lebensformen der Einheimischen. Das alles war dennoch gewöhnungsbedürftig für uns. Viele dieser Schilfinseln schwimmen auf diesem See und werden mit Hilfe von Booten angesteuert und versorgt. Ganze Familien führen den Touristen das Knüpfen von Schilfballen vor, welche für die Behausungen benötigt werden. Davon leben diese Bewohner auf den schwimmenden Schilfinseln des Titicacasee.

Schilfinseln und Boote auf dem Titicacasee in Peru. Eine Touristenattraktion.

Reise in die USA

Eine Reise nach Kalifornien führte uns zunächst nach **Los Angeles**. Auf dem Hinflug überquerten wir Grönland. Endlose Weiten mit Schnee und Eis lagen unter unseren sprichwörtlichen Füßen. Ab und zu ragten Felsformationen heraus. Ein bizarrer Anblick.

Grönland von oben gesehen mit Eis und Schnee

In **Los Angeles** angekommen, war es unser Interesse, möglichst schnell diese Metropole kennen zu lernen und uns fiel auf, dass nur wenige Menschen im Centrum der Stadt zu erblicken waren. Eigentlich eine seltsame Stille inmitten von Hochhäusern.

Modernes Museum vom Architekten Gehry konzipiert

Philharmonie mit großen Interpreten

Los Angeles ist zugleich auch die Wiege der Filmindustrie. In großen Hallen werden in Studios berühmte Filme gedreht und manche erhalten einen Oskar für hervorragende Regiearbeit und
Schauspiel. Am Berghang prangt der Schriftzug HOLLYWOOD.

In den Bergen rings um Los Angeles haben sich viele Schauspieler
und Regisseure angesiedelt, auch Steven Spielberg und andere.

Regisseur Steven Spielberg und der Autor des Buches mit Marilyn und Elvis ?

Vor dem Kinopalast der Oskar-Verleihung tummeln sich Schauspieler in vielen Posen und Verkleidungen - auffallen um jeden
Preis. Außerdem sind da noch die bekannten Sterne der Be-

rühmtheiten Hollywoods, Walk of Fame. Andere Darsteller präsentieren sich ebenso. Ein Foto mit ihnen kostet ein paar Dollar.

Der Stern des David Copperfield   Der Eingang zum Oskar-Palast

Der Oskar-Palast ist eingebettet in ein Atrium mit Palmen und kleinen Plätzen mit Sonnenschirmen sowie mit Verkaufsständen zur Vermarktung der Filmgesellschaft Hollywood. Eine Oase der Geschäftigkeit, aber auch der Ruhe ohne Autoverkehr.

Atrium vor dem Eingang zum Oskar-Palast. Leben und Treiben inbegriffen.

Beim Verlassen der Stadt Los Angeles über den Highway fällt auf, dass bei 3 Spuren nur die linke Fahrbahn es möglich macht, schneller zu fahren, auf den rechten beiden Fahrspuren jedoch nicht. Der Grund dafür ist ganz einfach. Ein Gesetz schreibt vor, dass ein Fahrzeug mit mehr als einem Insassen berechtigt ist, zügiger an den mit nur einer Person besetzten Wagen vorbei zu fahren. Doch das kommt seltener vor, die meisten Autofahrer sind allein unterwegs. Und so entsteht es, dass sich lange Schlangen auf dem Highway bilden. Unser Weg führte über Santa Barbara nach **San Franzisco**, unserer zweiten Station der Reise. Am Pazifik liegend, ist Santa Barbara eine der begehrtesten Gegenden für betuchte Amerikaner. Dieser Ort vermittelt den Eindruck spanisch-mexikanischer Kultur und Baukunst. Eine Seebrücke führt hinaus zum Pazifik und eröffnet den Blick auf das weite Meer und auf die unzähligen Segel- und Motorboote.

Ein bisschen spanisch-mexikanische Kultur, aber auch holländische Mühlen kann man auf der Fahrt nach San Franzisco erleben.

San Franzisco selbst zeigt sich von einer sehr angenehmen, sauberen und über alle Maßen freundlichen Seite, mit einem besonderen Flair an städtebaulicher Schönheit und reger Betriebsamkeit. Zu Fuß kann man sich diese Metropole an der Pazifikküste erschießen und auch per Schiff unter der Golden Gate Bridge vorbei fahren. Ein Blick vom Ufer auf die Stadt, vorbei an dem berühmten Gefängnis auf der Insel Alkatraz, bleibt unvergessen.

Die Golden Gate Bridge, das Wahrzeichen von San Franzisco

Die berühmte Einwagen-Straßenbahn ist immer überfüllt

Die berühmten Notfalltreppen am Haus   Segelkreuzer am Kay

Neu und alt, historische Gebäude und Bürohochhäuser, prägen diese Stadt. Sie bei Nacht zu erleben, ist ein unvergesslicher Moment, den man nicht wieder vergisst. Ein riesiges Lichtermeer erhellt diese Metropole und verleiht ihr einen besonderen Glanz.

Im weiteren Verlauf der Rundreise näherten wir uns dem eigentlichen Höhepunkt der Unternehmung an, dem **Grand Canyon**. Nach einem Zwischenstopp in einem Vergnügungsort am Colorado River, indem an Automaten, den sog. "Einarmigen Banditen", Glücksspiele abgehalten werden, ging es am nächsten Tag weiter nach Arizona zu dem beeindruckenden Naturwunder, dem Grand Canyon. Dieser Nationalpark erstreckt sich auf eine Länge von 400 km und ist im Durchschnitt 16 km breit. Über eine Plattform mit Souvenirläden und Versorgungseinrichtungen gelangt man an den Rand des Grand Canyon und schaut in eine unermesslich große und tiefe Schlucht. Man ist einfach nur überwältigt und sprachlos. Alles konnte ich mir vorstellen, nur das nicht. So gigantische Ausdehnungen der Gesteinsformationen hatte ich in meinen kühnsten Träumen nicht erwartet. Völlig überwältigt stand ich am Rande der Schlucht und blickte unentwegt hinunter. Auch Kondore flogen ihre Kreise über den Abgrund. Unvergesslich.

Aussichtsplattform am Abgrund des Grand Canyon.

Der Anblick ist schwindelerregend   Murmeltier

Ein Überflug mit einem Hubschrauber sollte zum Höhepunkt des Aufenthaltes am Grand Canyon werden. Von der Glaskanzel aus hatte man einen unmittelbaren und direkten Eindruck vom Ausmaß und der Schönheit des Grand Canyon. Auch konnte man dabei den Verlauf des Colorado River und seine grüne Farbe am Fuße der Schucht verfolgen, was sehr beeindruckend, schwindelerregend aber auch berauschend zugleich war.

Mit dem Hubschrauber über den Grand Canyon

Zunächst flogen wir knapp über die Wipfel des davor gelagerten Waldes und dann zur Abbruchkante der 1,5 km tiefen Schlucht, ein prickelndes Gefühl. Auch dem Hubschrauberpiloten bei seiner "Arbeit" zuzusehen und dabei noch zu fotografieren, war beeindruckend und herausfordernd zugleich. Über diesem Abgrund schweben zu können, ist einfach unbeschreiblich. In gewisser Weise hat diese Erfahrung auch mein Leben sehr beeinflusst und mir sagen lassen, dass die Welt so einmalig schön ist, weshalb sie unbedingt erhalten werden muss. Ein Film mit Meryl Streep ist mir in Erinnerung geblieben, "Am wilden Fluss", ein Thriller aus dem Jahre 1994, in dem turbulente Szenen einer Rafting-Tour auf dem wilden Strom gezeigt werden, die sich in mein Gedächtnis eingebrannt haben. Vermutlich auf dem Colorado gedreht, zeigt dieser Film die ganze Schönheit der Felsformationen in ihrer gesamten Größe und Wildheit. Daran musste ich immerzu denken, als ich mit dem Hubschrauber über das Gebiet geflogen bin. Ein unvergessliches Erlebnis. Dann ging es weiter, an der Route 66 vorbei, zu weiteren Highlights im "Wilden Westen" der USA.

Route 66 mit ausgedienten Oldtimer-Autos und diversen Werbeaufstellern

Sogar einen Frisör gibt es in dieser kleinen Station

Man glaubt es kaum, voll zu tun hat auch dieser Frisör in der kleinen Station inmitten der Route 66. Manche sind wochenlang unterwegs und da heißt es "Rundumversorgung". Viele begeisterte Motorradfahrer absolvieren noch heute die vielbefahrene Strecke von Chicago nach Santa Monica in Kalifornien. Obgleich sie nicht mehr durchgängig ist, erleben die Touristen und Nostalgiker ein wahres Eldorado der Verehrung und der Sehnsucht. Die nahezu 4 Tausend Kilometer lange Strecke bringt das Inland näher an die Westküste heran und schafft somit eine verkehrsmäßige Verbindung, welche bereits seit 1926 als Straßensystem existiert.

Ein weiterer Höhepunkt jeder Erkundungsreise ist der **Bryce-Canyon-Nationalpark** mit seinen bizarren gelb-roten Felsformationen. In Utah gelegen, vermitteln diese aufstrebenden Steinsäulen den Eindruck, als hätten Kinder am Strand kleine Sandpyramiden entstehen lassen, so intensiv und gewaltig das Original auch sein mag. Der Eindruck von oben ist beeindruckend.

Im Bryce-Canyon-Nationalpark im Bundesstaat Utah

Förmlich in Stein gehauen, offenbart sich diese begehbare Schlucht

Ein wahres Naturwunder in unendlicher Weite erschließt sich dem Betrachter und löst ein ungläubiges Erstaunen aus. Eine Führung durch die Schluchten bis zur Talsohle des Gebirges, gestaltete sich zu einem einmaligen Erlebnis auf dieser Reise.

Danach ging es weiter zu den Felsformationen des **Monument Valley**, welches aus vielen Indianerfilmen bekannt ist. Die Neugier war groß und als die ersten "Steinbrocken" in Sicht kam, ging ein Raunen durch den Bus. Eine Indianerin fuhr uns mit ihrem Jeep entlang dieser riesigen Gesteinsformationen bis zu einem Platz, an dem Getränke gereicht wurden. Dabei konnte man die Einmaligkeit dieser Landschaft bewundern und sie im Bild festhalten. Man spürte förmlich die Geheimnisse des Monumentes.

Am Beginn dieses riesigen Areals des Monument Valley

Es fehlen einem nahezu die Worte, um seine Empfindungen auszudrücken. Unzählige dieser hochaufragenden roten Felsen sind wie auf einer Perlenkette aufgereiht und laden geradezu zum Verweilen ein. Mit dem Jeep ging es dann weiter über Stock und Stein bis zu einem Punkt, an dem eine Fotopause eingelegt wurde. So entstanden beeindruckende Aufnahmen von diesen gigantischen Felsen, welche zudem noch als einmalige Naturwunder in dieser Region zu bewundern sind.

Hier versteht man es auch, sich entsprechend in Szene zu setzen. Der Mythos von den Indianern und den Cowboys wird hier besonders gepflegt, selbst ein einsamer Reiter wird dafür aufgeboten. Ebenso erfährt man, dass der Film "Spiel mir das Lied vom Tod" in dieser Kulisse gedreht wurde.

Die Tafelberge - Gesteinsformationen des Monument Valley

Niemand konnte sich dieses einmaligen Eindrucks entziehen, doch es ging weiter zu einem erneuten Höhepunkt in der Wüste von Arizona. Der **Joshua-Tree-Nationalpark** zwischen der Mojave-Wüste und der Colorado-Wüste zeichnet sich durch viele Palmlilien, die sogenannten Yuccapalme, aus. Außerdem stehen interessante geologische Felsen im Mittelpunkt des Interesses der Besucher. Aufgebrochene Felsformationen wechseln sich ab mit wüstenähnlichen Landschaften. Vor Schlangen wird gewarnt.

Joshua-Tree-Nationalpark - heiß und sehr trocken.

Und dann kamen wir nach **Las Vegas.** Schon beim Hineinfahren hatten wir das Gefühl, in einer ganz anderen Welt zu sein. Mitten in die Wüste wurde die Stadt des Vergnügens und Amüsierens gebaut. Las Vegas ist die größte Stadt des Bundesstaates Nevada und verfügt über unzählige Casinos, Hotels und Vergnügungseinrichtungen, in denen Shows und Events stattfinden. Berühmte Plätze wurden nachgebildet und bekannte Bauwerke faszinieren im Stadtbild. Auch Venedig mit ihren Gondeln kann man entdecken. Alles strahlt am Abend, die Stadt schläft niemals.

Wasserbrunnen nach italienischem Vorbild

Fünf Jahre lang war hier die Sängerin Cèline Dion jeden Abend zu erleben. Karten hierfür grenzte an ein Lottogewinn. Von Hotel zu Hotel erstreckt sich eine Showebene mit illusionärem Charakter. Es ist verblüffend, den Markusplatz Venedigs und weitere Highlights der Kultur Italiens zu erleben, aber auch andere Länder mit ihre Sehenswürdigkeiten wurden perfekt nachgebildet. Man kann sich dieser Faszination nur schwer entziehen. Besonders die Wasserfontänen, mit ihren rhythmischen Bewegungen und farbigen Lichtkegeln, sind eine besondere Attraktion in dieser Stadt.

Die Nachbildung des Eifelturms und eine Jugendstiel-Dachkonstruktion

Berühmte italienische Brunnen wurden nachgebildet.

Las Vegas bietet vielen tausenden Besuchern eine Welt voller Illusionen und spielerischem Vergnügen. An unzähligen Spiel-Automaten werden kleine und auch große Verluste getätigt, selten aber auch Gewinne. Ein Suchtfaktor ersten Ranges. Weiter ging es zu den Riesenmammutbäumen im Sequoia-Nationalpark sowie im angrenzenden Kings-Canyon-Nationalpark. Sie erreichen eine Höhe von 80 Metern und einen Durchmesser am unteren Stamm von über 11 Meter. Sie sind wohl die am bekanntesten und größten Bäume in den USA und ebenso auch weltweit.

Mammutbaum bis zu 80 Meter Höhe und großem Durchmesser bis 11 Meter

Der Fuß des Baumes ist mit mehreren Armlängen kaum zu umrunden.

Der Anblick dieser gigantischen Bäume löst allgemeines Erstaunen aus. Nie zuvor habe ich solche Dimensionen in der pflanzlichen Natur erleben können. Geradezu einmalig und berührend zugleich. Hier endet mein kurzer Bericht über Kalifornien, dem Westen der Vereinigten Staaten von Amerika. Doch viele Sehenswürdigkeiten bleiben jedoch leider unerwähnt.

Ein völlig anderes Bild bietet der Osten der USA. **New York, Washington** und weiter nach oben zu den Niagarafällen, führte mich diese Reise und so erhielt ich viele Einblicke von beeindruckenden, dynamischen Städten und atemberaubende Landschaften.

Die Anlegestelle in New York, an der Flüchtlinge aus Europa anlandeten.

Überliefert ist, dass an diesem Kay die Schiffe der Übersiedler aus Europa anlandeten. Hier war der Umschlagplatz für alle Auswanderer, welche mit Schiffen vor Anker gingen und das Land Amerika als ihre neue Heimat anstrebten und sesshaft wurden.

Die Insel **Manhattan** Island ist Ballungszentrum der Stadt New York und beherbergt unzählige Wolkenkratzer, allen voran das World Trade Center, einst ein Welthandelszentrum mit zwei stolze Zwillingstürmen, welche als Twin Towers umliegende Gebäude überragten. Am 11. September 2001 stürzten die 415 Meter hohen Türme aufgrund eines Anschlages ein und dieses Ereignis verursachte ein nie dagewesenes Trauma in der Gesellschaft der USA. Diese Katastrophe wurde in Echtzeit von allen Medien verbreitet und löste bei vielen Menschen Panik und Beklemmung aus. Ein Ereignis, welches die ganze Welt erschütterte.

World Trade Center New York vor der Zerstörung und der Neubau danach.

Als ich die Baustelle besuchte, blickte ich in eine riesige Baugrube des Ground Zero Geländes und erlebte den Wiederaufbau des neuen One Worlt Trade Center. Mittlerweile ist der Bau fertig und wurde seiner Bestimmung übergeben. Ein neues Wahrzeichen entstand somit. Die Zwillingstürme, entstanden in der Zeit von 1966 bis 1973, wurden 2001 zerstört und nun durch einen neuen, einzeln stehenden Büroturm ersetzt. Dieser hat eine Gesamthöhe von 541 Metern und ist damit das höchste Gebäude der Westlichen Welt. New York ist ein Schmelztiegel voller Dynamik und quirliger Bewegungen. Kein Stillstand, alles ist in Aktion, die Bürgersteige voller Menschen, die nur ein Ziel haben, vorwärts zu kommen. Eine dynamische und bewegte Metropole.

Am Hafenbecken von New York   die Skyline der Metropole

Was auffällt, ist die Betriebsamkeit der Menschen, aber auch ihre Gelassenheit als Fußgänger auf den Boulevards. Ganz zu schweigen von den Autofahrern, sie bewegen sich mit ihren Autos nur langsam durch die Straßen und beachten den Menschenstrom.

Auch das Präsidentenfahrzeug muss sich an die Regeln halten - Fifth Avenue

Bei allem Trubel, New York ist eine geordnete, saubere und gelassene Stadt. Die Menschen entspannt, sogar die Geschäftsleute der Wall Strike flanieren ohne Jackett. Wo findet man das schon?

Eine besondere Attraktion der modernen Kunst ist das Guggen-heim-Museum. Dieser außergewöhnliche Bau entstand 1959 und beherbergt unzählige Werke der abstrakten Kunst, des Impressi-onismus, des Post-Impressionismus und des Expressionismus sowie des Surrealismus. Ein ebenso einmaliges Museum der Su-perlative kann man in Bilbao bewundern.

Das Guggenheim-Museum in New York

Der Central-Park ist eine Oase inmitten Manhattans und wurde im Jahre 1873 als Landschaftspark den Bürgern New Yorks für Erholung, Sport und Spiel zur Nutzung übergeben.

Central Park inmitten Manhattans als unantastbare grüne Lunge der Stadt

Auf unserer Fahrt in nördlicher Richtung passierten wir auch die Hauptstadt der USA, **Washington**, im gleichnamigen Bundesstaat Washington State. Das Weiße Haus, als Amtssitz des Präsidenten und das Kongressgebäude, dem Senat und Repräsentantenhaus sowie der Oberste Gerichtshof, sind drei tragenden Säulen der verfassungsmäßigen Gewalten des Landes. Andere Einrichtungen, wie der Internationale Währungsfonds und die Weltbank, begleiten die Administration bei der Repräsentation des Systems.

"Martialisch"? bewacht, das Weiße Haus. Sich anzunähern kein Problem.

Kapitol, Senats- und Repräsentantenhaus der USA, für Besucher begehbar.

Washington besitzt viele, herausragende Museen, welche kostenfrei zu betreten sind. Bilder, Plastiken und andere beeindruckende Kunstwerke sind dort zu sehen, u.a. Modigliani, Picasso, Matisse und viele andere mehr. Ein wahrer Augenschmaus.

Akt von Modigliani und Porträt einer jungen Frau von Cézanne.

Auch im Außenbereich der Museen kann man einige wunderbare Plastiken entdecken, welche anziehend und zugleich beeindruckend auf die vielen Besucher wirken.

Abstrakte Plastik aus Stein und eine Frauenfigur aus Bronze.

Darüber hinaus gibt es ein bedeutendes Naturkundemuseum, welches Tierpräparate aller Gattungen der Tierwelt zeigt.

Unter anderem ein großer, präparierter Wal schwebend im Raum. Auch Riesenkalmare und andere Meeresbewohner werden anschaulich gezeigt.

Abraham Lincoln, berühmter Präsident der Vereinigten Staaten von Amerika.

Beeindruckend ist die Fülle der gesammelten Objekte, welche den Besuchen nahe gebracht werden. Ein Besuch dieser Museen lohnt sich in jedem Fall. Weiter ging es mit einem Leihwagen nach Norden, zu den **Niagarafällen**. Die Vorfreude war groß und so fuhren wir, immer den Tacho im Blick, gemächlich mit 80 Meilen durch das Land und dem Ziel entgegen. Wegen der großen Entfernung, haben wir unterwegs in einem Motel übernachtet, um dann am nächsten Tag die Reise fortzusetzen. Überall eine große Gelassenheit, kein Übernachtungsproblem, kein Drängeln auf den Autobahnen, mitunter Zwischenstopps an Raststätten, dort wartete auf uns ein leckeres Essen und wir konnten beobachten, dass viele Truckerfahrer in ihrer Unterwäsche am Tisch saßen, da ihre Kleidung inzwischen in großen Waschmaschinen gereinigt wurden. Ein seltsamer, aber erwärmender Anblick. So erreichten wir nach langer Fahrt und etlichen Übernachtungen unser Ziel an der Grenze zu Kanada, die Niagarafälle. Schon das starke Rauschen deutete auf das zu erwartende Spektakel hin und wir wurden nicht endtäuscht. Noch so eine gigantische Sehenswürdigkeit, dachten wir. Erst der Grand Canyon und nun die größten Wasserfälle der USA, einfach unglaublich und kaum zu beschreiben. Minutenlang, ach was, stundenlang, verharrten wir auf den gesicherten Felsvorsprüngen, um dem hinabstürzenden Wasser zu folgen. Ein magischer Augenblick, an diesem Sehnsuchtsort stehen zu können, das Donnern zu hören und dem Spritzen des Wassers zuzusehen. Ein einmaliges und überwältigendes Erlebnis. Auf Treppen kann man hinunter gehen zu dem aufschlagenden Wassermassen. Dazu werden Regenmäntel ausgegeben, die vor Nässe schützen sollen. Dennoch stampft man im Wasser und findet kaum Halt am Geländer. Eine Mutprobe schlechthin. Viele Versuche, in einer Stahlkugel die Niagarafälle hinunter zu gleiten, verliefen zumeist erfolglos, sogar auch tödlich. Aber immer wieder versuchen es mutige Männer, diesen Ritt ins Ungewisse zu wagen, um in die Geschichtsbücher einzugehen.

Unter großem Dröhnen stürzt sich das Wasser in die Tiefe.

Herabstürzendes Wasser an den Niagarafällen.

Mutige stürzen sich in die Gischt des Wasserfalls.

Einen besonderen Eindruck vom Wasserfall kann man von der gegenüber liegenden kanadischen Seite aus erleben. Mit dem Ausweis kommt man durch die kleine Grenzsperre und erlebt ein Ohren betäubendes Rauschen der Wasserfälle. Besonders bei Nacht spürt man die Einmaligkeit des Naturereignisses, da dieses in vielen Farben angestrahlt wird. Ein Zauber der Natur.

Niagarafälle bei Nacht von der kanadische Seite aus gesehen.

Eine ganz andere Neugier führte mich nach **Ägypten.** Diese geschichtsträchtige Nation mit ihren einmaligen Pyramiden und
dem außergewöhnlichen Totenkult, überrascht mit unendlich
vielen Relikten vergangener Jahrtausende. Eine Hochkultur, welche ihres Gleichen sucht. Bereits 2500 vor Christus entstanden
diese einmaligen Zeugnisse des Totenkultes. Neben den bedeutenden Zeugnissen der 4. Dynastie Ägyptens, den Pyramiden von
Gizeh, unweit der Hauptstadt Kairo, können noch ältere Grabstätten bewundert werden, die Stufenpyramiden von Sakkara
beispielsweise. Aus der Zeit der 3. Dynastie des Alten Reiches
Ägyptens, um 2650 v. Christus, sind sie die ältesten der Pyramiden. Kein Wunder, dass Wind und Sonne ihnen zugesetzt haben.

Stufenpyramide von Sakkara aus dem Jahre 2650 v. Chr. Ägypten

Cheops-Pyramide mit Sphinx - Die Pyramide war früher Verkleidet.

Frauen und Männer vor der Cheops-Pyramide   Miliz auf Kamelen.

Ägyptische Frauen am Fuße der Pyramiden -   Ägypterin und Teppichanbieter

Das berühmte Ägyptische Museum in Kairo und eine Swings im Freien

Dieses einzigartige Museum mit Werken der altägyptischen Kunst ist Beleg dafür, welche grandiosen Kunstwerke Menschen hervorgebracht haben. Nach unendlichen Plünderungen archäologischer Schätze, wurde zum Erhalt der antiken Kostbarkeiten dieses Museum gegründet und am 15. November 1902 eröffnet.

Die Totenmaske des Tutanchamun, dem jungen Pharao um 1330 v. Chr. rechts

Das Grabmal des Pharao Tutanchamun wurde 1922 im **Tal der Könige** von Howard Carter entdeckt und gilt als einzigartiges Dokument altägyptischen Totenkultes. Unzählige Grabbeigaben konnten so gerettet werden und werden heute in diesem Museum ausgestellt, u.a. die goldene Totenmaske des Pharao.

Der Zugang zum "Tal der Könige" mit vielen Grabstätten einzelner Pharaonen.

Während der Rundreise gelangten wir auch zu anderen Stätten der Weltgeschichte. Pyramiden wurden entlang des Nils errichtet, ebenso viele Tempel und Kultureinrichtungen. In Luxor erlebt man den Karnak-Tempel in seiner vollen Ausdehnung und ist beeindruckt von der Größe und der Weiträumigkeit dieser Anlage. Unzählige in Stein gehauene Widder säumen den Eingang zum großen Palast, dessen Größe der Bedeutung dieses Tempels entspricht und dieser von der Amun-Priesterschaft für die täglichen, heiligen Kult-Handlungen genutzt wurden.

Straße der Widder

Falke in Marmorstein, ein Symbol

Tempel von Karnak aus der Zeit der 18. und 19. Dynastie des Reiches Theben, die größte erhaltene Tempelanlage Ägyptens.

Voller Anmut und Schönheit präsentieren sich die Jahrtausende Jahre alten Marmorplastiken im Umfeld des Tempels. Riesige Säulenhallen, früher bemalt, überraschen ebenso die Besucher.

Säulen der Tempelanlage von Karnak nördlich von Luxor.

Nach dieser eindrucksvollem Begegnung mit der Tempelanlage von Karnak, ging es weiter zur **Oase Siwa.** Sie liegt 700 km westlich von Kairo in der libyschen Wüste und wird vorwiegend von der Bevölkerungsgruppe der Berber bewohnt. Zwei ägyptische Reiseleiter begleiteten uns in einem kleinen Bus auf einsamer Strecke durch unendliche Wüstenlandschaften. Eskortiert wurden wir von zwei Sicherheitsfahrzeugen mit bewaffneten Militärs, da nicht ausgeschlossen werden konnte, dass es zu einem Überfall kommen könnte. Aber alles ging gut, dennoch war die kleine Gruppe der Reisenden hell wach und angespannt. In Siwa angekommen, ging es zunächst in eine Herberge unter Palmen.

Noch am Abend erlebten wir bei einem Spaziergang durch die Altstadt, bei gespenstiger Ruhe, das uralte Ruinenviertel des Ortes. Die Lehmhäuser sind über die Jahrhunderte unbewohnbar geworden, werden aber als historische Hinterlassenschaft der Menschen erhalten. Alexander der Große besuchte diesen Ort.

Oase Siwa Altstadtviertel und unbewohnbare Stadtteile.

Ein Ausflug in die **Libysche Wüste** wurde dann zum Höhepunkt der Reise. Mit mehreren Jeeps ging es zu einem kleinen See, indem gebadet werden konnte. Inmitten der Sanddünen zu baden, ist ein seltsames, aber beeindruckendes Gefühl. Grundwasser speist diesen See und schafft damit ein Süßwasserreservat. Am Abend erlebten wir gemeinsame Stunden mit unseren Begleitern, den Berbern. Sie alle waren sehr fröhliche Männer und wir konnten uns mit Ihnen am Lagerfeuer und beim Grillen, dank unserer ägyptischen Reiseführer, unterhalten und erfuhren dadurch einiges aus ihrem Leben in der Oase und über ihre Ausflüge in die Wüste. Am Abend wärmte uns ein Lagerfeuer und später verbrachten wir die Nacht im Freien in Schlafsäcken. Es war kalt und wir froren auf dem kühlen Sand, ohne ein Auge zumachen zu können. Dabei entdeckten wir unzählige Sterne und andere Himmelskörper. Eine sehr beeindruckende Sicht auf diesen Sternenhimmel. Kein Wunder, dass wir nicht schlafen konnten. Im Hintergrund hörten wir die Unterhaltung unserer beiden jungen Reiseleiter mit den befreundeten Oasenbewohnern.

Im Hintergrund die berühmten Tafelberge

Ein Süßwassersee inmitten der Wüste, gespeist aus Grundwasser

Zum Abschluss der Ägypten Erkundungen noch ein Besuch beim Totentempel der **Hatschepsut** in Theben am Westufer des Nils.

Der Totentempel von Theben für die Königin Hatschepsut

Der Falke als Symbol der Macht - Statue des Horus (Gottesverehrung).

Die Memnonkolosse unweit des Tals der Könige in Theben-West.

Diese kolossalen Bauten, Grabkammern und Skulpturen, zeugen von der einmaligen Geschichte des Landes. Bereits aus der Vorgeschichte vor über 4000 Jahren v.Chr. sind Relikte bekannt, welche dem Totenkult gedient haben. Das historische Erbe Ägyptens wird in zeitlichen Kategorien eingeteilt, beispielsweise in die Vorgeschichte, in die prädynastische und frühdynastische Zeit, in Altes und Mittleres Reich, aber auch nach einer Zwischenzeit in das Neue Reich, welches immerhin von 1550 bis 1070 v.Chr. existierte. Eine unvorstellbare Zeitspanne und ein Beleg für die außergewöhnlichen Leistungen der Ägypter dieser Zeit. Im Tal der Könige beispielsweise, wurden die Menschen durch Hieroglyphen, bemalten Reliefs und eingeritzten Schriftzeichen auf die Geschichte der Dynastien hingewiesen, allerdings waren diese Totenkultstätten für alle Zeiten verschlossen worden. Heutige Ausgrabungen durch Archäologen brachten beeindruckende kunsthistorische Zeugnisse ans Licht, allen voran Howard Carter, welcher im Jahre 1922 das noch unversehrte Grab des Pharao Tutanchamun entdeckt und ausgegraben hat. In der eigentlichen Grabkammer befanden sich viele bedeutende Gegenstände, aber insbesondere eine goldene Totenmaske des Herrschers. Ein einmaliger Fund, denn andere Grabkammern wurden bereits von Grabräubern geplündert und der Inhalt entwendet. Dennoch werden noch heute Relikte aus dem Totenreich gefunden, Gräber restauriert und der Öffentlichkeit präsentiert. Man kann sich einer besonderen Faszination gegenüber der altägyptischen Geschichte nicht verschließen. Viele Statuen und alte Relikte aus diesen Grabkammern befinden sich weltweit in Museen, u.a. im Metropoliten Museum of Art in New York, in Berlin, London oder St. Petersburg. Besonders viele Kunstwerke erleben leider ein stilles, unbeachtetes Dasein in den Archiven der ägyptischen Sammlung in Kairo und warten darauf, gezeigt zu werden. Unser Reiseleiter meinte dazu, dass es für die Hinterlassenschaften der Pharaonen wohl besser ist, in den länderübergreifenden Museen gezeigt zu werden, um nicht im Depot des ägyptischen Staatsmuseum verschwinden zu müssen. Die Büste der Nofretete beispielsweise, befindet sich im Ägyptischen Museum in Berlin, ebenso eine Vielzahl alter Büsten, Torsos und Statuen.

Grabkammer im Tal der Könige, reich bemalt und reliefartig geritzt.

Abschließend noch Erinnerungen an einige **Reisen nach Israel**. In einer Rundreise durch das Land konnte ich beobachten, dass die Menschen einerseits sehr entspannt sind, aber andererseits auch wachsam und diszipliniert. Das liegt an der permanenten Unsicherheit im Inneren und den Gefahren von außen. Dennoch, das Land bietet unermesslich interessante historische Plätze, Gebäude und Landschaften. Ein Spaziergang durch die Altstadt von Jerusalem, entlang der bekanntesten Straße des Landes, der Via Dolorosa, dem Kreuzweg mit den 14 Stationen auf dem Weg zur Kreuzigung Jesus, lässt erahnen, welche Dynamik sich dort entwickeln kann. Pilger aus vielen Ländern begegnen sich hier mit Händlern, aber auch mit den Frauen und Männern der Armee, welche zum Schutz der Menschen patrollieren. Vom Löwentor bis hin zur Grabeskirche führt dieser Weg durch verwinkelte Gassen der Altstadt, vorbei an Massen von Menschen.

Der Kreuzweg mit den 14 Stationen, Via Dolorosa genannt.

Weiter geht es zur Klagemauer und zum Tempelberg. Letzterer wird von beiden Konfessionen beansprucht und das führt immer wieder zu Auseinandersetzungen. Er ist einer der umstrittensten heiligen Orte der Welt. Über eine Metallkonstruktion gelangt man zum Felsendom, dem ältesten monumentalen Sakralbau des Islam. Der Weg führt an der Klagemauer vorbei, um die jeweiligen Traditionen auseinander zu halten. Sie ist die bekannteste Stätte des Judentums und kann nur mit Kippa betreten werden. Trotz aller Freizügigkeit beim Zugang zu dieser heiligen Mauer, ist das Tragen einer Kippa unerlässlich. Bereits am Eingang in den Bereich, erhält man diese Kopfbedeckung der männlichen Juden.

Überdachter Zugang zum Tempelberg mit dem Felsendom an der Klagemauer vorbei. Hier haben die Menschen des Islam freien Zugang auf das Plateau.

Beten an der Klagemauer - in den Spalten werden Wunschzettel hinterlegt

Die Geburtskirche des Jesu Christi befindet sich in Bethlehem, auf palästinensischem Territorium. Mit einem Bus erreicht man diesen Ort nach einer Fahrt durch 8 Meter hohe Grenzbefestigungen. Das Gotteshaus gehört zu den vollkommen erhaltenen frühchristlichen Kirchenbauten. Durch eine kleine Öffnung im Mauerwerk des Gotteshauses betritt man bückend die wunderbare, mit Marmorsäulen versehene Kirche. Dort erkennt man bald die kleine Geburtsstätte , da sich hier Menschen davor drängeln.

Mauer zum palästinensischen Gebiet in Bethlehem.

Eingang zur Geburtskirche

Stadt Bethlehem

Geburtsgrotte in der Geburtskirche in Bethlehem - Kindertraum

In Jerusalem wird man dann zur Grabeskirche in die Altstadt geführt und auch hier kann man sich der Faszination des Altertums und der Christenverehrung nicht entziehen.

Eingang zum Heiligen Grab, bewacht von 2 Armeniern Kirchenkomplex

Auch das Land Israel hält viele Sehenswürdigkeiten aus vorchristlicher Zeit bereit, ebenso aus der Epoche der Kreuzritter. Da ist beispielsweise die **Festung Masada** in der Judäischen Wüste, unweit des Toten Meeres. Diese Anlage befindet sich auf dem Plateau einer felsigen Hochfläche und ist mit einer Seilbahn in 270 m Höhe erreichbar. König Herodes (73-4 v. Chr.) hat diese Festung erbauen lassen. Sie wurde von den Römern belagert und nach der Überlieferung haben dort die jüdischen, radikalen Widerständler Suizid begangen, um nicht in die Hände der Besatzer zu fallen. Allerdings ist die Festung dann niedergerissen worden.

Festung Masada aus der Zeit König Herodes auf einem Plateau

Tempelanlage

Tor in der Stadtmauer

Portal Grabeskirche

Balustraden

Jerusalem mit Felsendom - Sakralbau des Islam

Die historische Altstadt, mit den vielen Tempeln und Kirchen sowie vielfältigen Konfessionen und Nationalitäten, ist ein Schmelztiegel der Interessen und der kulturellen Ausprägung. Lebendig und geheimnisvoll präsentiert sich diese beeindruckende Stadt.

225

Auch im Landesinneren, auf den Golanhöhen oder in der Negev-Wüste, am Toten Meer oder am See Genezareth, lassen sich beeindruckende Monumente der Geschichte finden. Ebenso interessant ist ein Aufenthalt in dieser Wüste, mit Arabern und Kamelen. In absoluter Stille und Einsamkeit kann man seinen Gedanken nachhängen und in den Sternenhimmel schauen.

Beim Wüstenausflug mit Kamelen in der Negev-Wüste

Nachtlager in der Wüste auf Teppichen im Freien, Person an Person.

Die Nacht war kalt, ein Hund schnüffelte um uns herum und wir waren froh, das Tageslicht wieder erblicken zu können. Dennoch, der Aufenthalt in der Wüste war ein einmaliges Erlebnis, welches uns noch lange in Erinnerung bleiben wird.

Tore zur Altstadt´, Säulenhalle und Ausgrabungsgegenstände.

Unerschöpflich sind die Eindrücke über die Geschichte des Landes. Dazu benötigte man weitere Studienaufenthalte in Israel.

Zum Abschluss der persönlichen Erzählungen in diesem Buch "Mein Leben in zwei Welten", möchte ich noch über ein besonderes Highlight berichten. Durch die Erzählungen meines von mir verehrten Schriftstellers **Ernest Hemingway**, wie "Der alte Mann und das Meer", oder "Fiesta", hatte ich den dringenden Wunsch, einmal auf den Spuren Hemingways zu wandeln und seine Insel zu besuchen. Das war ein voller Erfolg und die Eindrücke unermesslich schön. Besonders die Kubanische Musik hat es mir angetan. Buena Vista Social Club ist überall und betört die Menschen. In den Straßen von Havanna und auch in anderen Orten, erklingt an jeder Straßenecke die Kubanische Musik. Oftmals spielen die Musiker auch am Tage in den Kneipen und eine Menschentraube hängt am Fenster und lauscht diesen Rhythmen. Wie ein Sog wirken die Klänge auf die Menschen und sie werden geradezu in die Bars oder Clubs gelockt. Ein "wildes Treiben" entwickelt sich ganz spontan und die Begeisterung kennt dabei keine Grenzen.

Kubanische Musik ist einzigartig und überall präsent.

Hemingways Kneipe La Bodeguita del Medio in Havanna

Hemingway hatte mehrere große Vorlieben, aber eine ganz bestimmt, "Cuba Libre". Er war Verehrer von Cocktails und Frauen.
In seiner Lieblingskneipe "La Bodequita del Medio" in Havanna,
werden noch heute viele Utensilien und Bilder von ihm an den
Wänden gezeigt. Sehr viele Verehrer finden den Weg zu ihr.

Noble Anwesen, anspruchsvolle bürgerliche Villen, auch auf Kuba

Überall in den Straßen von Havanna wird Musik gespielt.   Blumenfrau

Im Land selbst erlebt man viele Besonderheiten, insbesondere Wasserfälle und überaus schöne Landschaften, u.a. mit Palmen.

Märchenhafte Landschaften mit kleinen Wasserfällen und Palmen.

Auf der Rundreise durch das Land entdeckt man sehr viele spezifische Eigenheiten und bemerkenswerten Menschen. Es fällt auf, dass Gelassenheit und Freundlichkeit den Menschen zu eigen ist. Wo man auch hinkommt, dieses fröhliche Lebensgefühl schlägt jedem Besucher entgegen und ist für alle sehr beeindruckend.

Oldtimer im ganzen Land   in Trinidad

Die Liebe zu den alten "Straßenkreuzern" ist sprichwörtlich vorhanden. Sei es, dass sich nur wenige Menschen ein neues Auto leisten können, doch vielmehr ist es vermutlich der Stolz auf diese alten "Schlitten". Sie werden gehegt und gepflegt, aber oft auch bis zum bitteren Ende gefahren.

Blick aus der Kanzel eines alten "Doppeldeckers" auf ein Resort am Meer

Bei einem Flug mit einer alten Maschine eines Doppeldeckers zur Insel Cayo Largo durfte ich neben dem Piloten in der Kanzel sitzen und so hatte ich den besten Blick auf die Landschaft. Es war ein merkwürdiges Gefühl für mich, zumal der Pilot ständig auf die alten Instrumente klopften musste, da sie des Öfteren versagten und sogar Wasser ins Cockpit herein träufelte. Es waren spannende Minuten in der Luft, aber ich wurde durch einen traumhaften Strand und die türkisfarbige Karibik entschädigt. Sand wie Mehl, fein und besonders weiß. Mit einem Katamaran ging es dann weiter zu einer Insel, auf der sich unzählige dieser Leguane tummelten. Beim Essen in einem Strandkaffee unter Palmen, bewegten sich diese Tiere zwischen unseren Beinen und ließen sich keinesfalls stören. Im Gegenteil, sie waren furchtlos.

Leguane auf der Cayo Iguana, einer Insel vor Kuba - mit Einheimischen

Der Ort **Trinidad auf Kuba** besitzt eine landestypische Architektur und ist noch immer sehr geprägt von seiner Ursprünglichkeit. Bunte kleine Häuser säumen die Straßen und geben diesem Ort ein besonderes Ambiente. Alle Türen und Fenster sind geöffnet und so werden die Menschen geradezu aufgefordert, hinein zu gehen. Hier kann man die ganze Lebensfreude der Menschen, ihre Musik und das Miteinander auf Kuba erleben. Die eingeschränkten Lebensverhältnisse werden durch Anmut und Stolz der Kubaner wieder wett gemacht - eine bemerkenswerte Einstellung.

Ein schöner und informativer Abschluss meines Berichtes über verschiedene, beeindruckende Ausflüge zu einigen Besonderheiten in der Natur und zu bedeutenden kulturellen Schätzen der Menschheit. Dass dieses alles bewahrt werden muss, steht außer Frage. Es ist das große und schützenswerte Vermächtnis unserer Zivilisation in vielen Ländern der Welt, unwiederbringlich und einmalig. Dieses zu bewahren, ist Aufgabe heutiger Gesellschaften und künftigen Generationen.

Mit einem Gedicht von Eva Strittmatter, einer sehr bedeutenden Lyrikerin, möchte ich meine Erinnerungen beenden.

"Sei sanft, wenn du kannst,

das Leben ist sowieso hart und schwer.

Vielleicht hat es das früher gegeben,

jetzt gibt es das nicht mehr:

Leicht sein und einfach leben,

ohne Nutzungs- und Musterungsschein.

Wenn wir uns nicht Liebe geben,

uns umfangen und uns erheben,

betonieren sie uns ein".

Eva Strittmatter um 1980 in der DDR

Schwebender Engel von Ernst Barlach in der Schlosskirche Wittenberg